星 亮一
Hoshi Ryoichi

武士道の英雄
河井継之助

薩長を脅かした最後のサムライ

はじめに

河井継之助《かわいつぎのすけ》を天下に知らしめたのは、文豪司馬遼太郎《しばりょうたろう》である。『峠』で見事に河井継之助の生涯を描き切った。感動する場面は、死を迎えたときの継之助である。

「ひとの死もさまざまあるが、河井継之助という人は、その死にあたって自分の下僕に棺をつくらせ、庭に火を焚かせ、病床から顔をよじって終夜それを見つめつづけていたという。自分というものの生と死をこれほど客体として処理し得た人物も稀であろう。身についたよほどの哲学がなければ、こうはできない」

と司馬さんは書いた。

継之助が自らの遺体を焼かせた場所は福島県の奥会津を流れる只見川《ただみがわ》のほとりである。只見川は会津盆地に入ると阿賀川《あががわ》、越後に入ると阿賀野川《あがのがわ》と名を変えて日本海に注ぐ大河である。

私は奥会津に出かけたときは、必ずこの川岸に車を止め、継之助に思いをはせてきた。薩長《さっちょう》と特に怨恨《えんこん》のなかった長岡藩重臣の継之助がなぜ薩長軍を迎え撃ち、壮絶な戦いを演じたのか。武士としていかに美しく生きるか。継之助はそういう精神を貫いたと司馬さんは語った。

そもそも戊辰《ぼしん》戦争は起こす必要のない薩長の謀略だった。京都で薩長と激しく争った会津も、幕府に倣《なら》って朝廷に、謝罪恭順の意を表していた。

にもかかわらず土足で奥羽越の領土に踏み込んできたのが、官軍と称する薩長軍だった。長岡藩は「常在戦場《じょうざいせんじょう》」の四文字をもって始まる壁書を心得とし、会津藩が京都守護職として上洛したとき、長岡藩は会津を補佐する京都所司代に選ばれ、上洛した時期があった。しかし、その任に堪え切れず長岡に逃げ帰ったことがあった。

このことが屈辱となって継之助の心にしみこんでいたのかもしれなかった。

薩長軍が越後に進駐したとき、継之助は和解を求めて薩長の陣営に足を運んだ。しかしにべもなく断られた継之助は、

「許せぬ」

と起《た》った。

自らガットリング機関砲を操って戦い、一度奪われた長岡城の奪還作戦を成功させた。

「官軍の混乱は言語に絶した。

指揮も何もあったものではなく、みなてんでんばらばらに逃げた」

「遺棄された大砲は、なんと百二十数門であった。弾薬箱は二千五百箱、路上に遺棄された死体二百余、（略）官軍の損害は六、七百人以上にのぼるであろう」

と司馬さんは描いた。

戊辰戦争最大の勝利を成し遂げた継之助だったが、一発の銃弾がすべてを変えた。膝に重傷を負った継之助は、再起を期して会津に向かった。会津も早晩降伏であろうと継之助は見てい

た。

仙台、米沢藩も会津藩を支援し、捨て身の会津兵は各地で死闘を演じていたが、薩長軍の近代兵器に押され、会津領内に後退を続けていた。

長岡がいかに戦っても劣勢の会津を盛り返すことは困難だった。その意味で、継之助の判断は、必ずしも的を射たものではなかった。しかし継之助は奇兵隊を主力とする薩長軍に果敢に戦いを挑み、自ら機関砲を操って敵と戦い、惜しむらくは身に銃弾を受け、薩長を駆逐するという継之助の野望は潰《つい》え去った。

継之助の生涯は、幕末維新史のなかでどう位置づければいいのか。

世紀の風雲児、河井継之助は、一朝一夕に誕生したわけではなかった。継之助自身が持つ強い個性と正義感、それに加えて越後の厳しい風土、彼を取り巻く友人群像、それらが混然一体となって一人のヒーロー、英雄を誕生させたといってよかった。

彼の心にあったのは、数を頼んで理不尽に奥羽越後に攻め込んだ薩長は許せぬ、という武士道であり、いうなれば、これはまさしく「やむにやまれぬ大和魂」というものだった。

なお、継之助の読み方は二通りある。つぎのすけ、つぐのすけである。

どっちにしようか。長岡市の教育委員会の裁定で、つぎのすけに決まった。つぐのすけの方が呼びやすいと、こちらを使う人も多い。

河井継之助は二〇二〇年に全国公開を目指して映画の撮影が進められている。

タイトルは『峠　最後のサムライ』。小泉堯史監督のもとに、主演の役所広司をはじめ、松たか子、香川京子、仲代達矢ら豪華キャストが結集し、大ベストセラーの初映像化が進んでいる。撮影は九月中旬から約三カ月間、継之助の故郷・長岡市をはじめ、新潟を中心に茨城や京都で約五〇〇〇人規模のエキストラを集めて行われており、継之助の知名度はさらに跳ね上がりそうである。

星　亮一

◆目次　武士道の英雄　河井継之助
——薩長を脅かした最後のサムライ

武士道の英雄　河井継之助

――薩長を脅かした最後のサムライ

第一章　憧れの江戸遊学

徳川譜代の臣

越後《えちご》長岡《ながおか》は牧野家七万四千石の城下町だった。牧野家の先祖、十一世の康成《やすなり》は徳川十七将の一人に数えられた武将で、長篠《ながしの》の合戦で武功をあげた徳川譜代の臣であった。

康成の嫡男忠成《ただなり》が、長岡の初代藩主として元和四年（一六一八）、長岡に転封になった。以来、十代続いてきた。

歴代、奏者番、寺社奉行、大坂城代、京都所司代など幕閣の地位にあった。越後には長岡を上回る藩はなく、越後の雄藩として君臨したが、城下を龍蛇《りゅうじゃ》のごとく信濃川《しなのがわ》が流れ、質実剛健《しつじつごうけん》、剛毅朴訥《ぼくとつ》を藩風としている割には、印象が薄かった。

天守閣がないせいだと、言う人もいたが、藩の上層部にはすべからく覇気《はき》がなかった。

継之助の父は代右衛門といい、禄百二十石を受け吟味役や武器頭を重ね、勘定頭に上がった人物だった。学問も武芸も、ひと通りはできたが、どちらかというと風流のたしなみがあり、茶会を催したり、刀剣を鑑定する趣味の人だった。

母に言わせれば、

「父上は、たいそう出世なさった」

という事だったが、藩内の百石以上の知行とりは百八十九家ある中の下の家格であった。

継之助に武士道を説くわけでもなく、一度、常在戦場という長岡藩の藩風を語っただけで、あとは、いつも風呂敷包みを抱えて、御城に詰めていた。

堅物《かたぶつ》、真面目な人柄である。

そんな父親を見て、藩に勤めてもたかが知れている。親父のような人生は歩みたくない。継之助は、自分の将来が見えるようで嫌だった。

兄弟姉妹は五人、姉が三人、妹が一人、弟ともう一人の妹は夭折した。

一番上の姉は先妻の子だが、別に違和感はなく、仲は良かった。女が多い家は、姦《かしま》しい。

家では父親と継之助が聞き役だった。その反動で外で暴れたのかもしれない。

かといって剣術、槍術、弓術、馬術など武道にさほど興味は持てず、学問の方もこの頃、家が類焼し、本を焼いた事もあり、やる気を失っていた。

母親が一人、気をもんであれこれ言うのだが、継之助は、ありきたりのやり方が、どうも性に合わない。

「あいつは、なんでも自分が一番になんねえと、気がすまねえ男だでや」

と言う人もいたが、それは間違いで、興味が持てないと、さっさとおりてしまい、まるで関心を示さない。その辺の見極めが早い男だった。

いうなれば雌伏の時期だった。

河井継之助傳

継之助には『河井継之助傳』（象山社）という優れた伝記がある。

著者今泉鐸次郎《たくじろう》は、明治六年（一八七三）、新潟県南蒲原郡中之島村に生まれた。父は長岡藩士だった神戸清蔵で、のち今泉正雄に養子になり、今泉を名乗った。

今泉は冒頭、少年時代の継之助を大要こう描いた。

継之助の少年時代は如何なりしぞ。

継之助の実妹安子《やすこ》は談りて云く。

「兄の幼い時分は、仲々腕白者で、親共の命令さへ聞かぬ程であったそうで、遊びになど出ても、始終負けぬ気であった為め、大きい者などに苦められ、大瀬重なんとかいう人には、頭部へ傷をつけられて、鮮血をタラタラさせて帰宅って来て、知らぬ顔をして居ますのを、妾が真の子供心にもハツと思うて、お母さんに、兄様の頭がと云って心配したこともありました。

そんな風であったから、時々父から、不了簡の奴だ、不埒《ふらち》な奴だなどと叱られたこともありましたが、夫でも両親は継之助は胆の太いものだと云って居りました。

一体が悪戯《いたずら》をしましたやうでした。然し自分の致したことは、事の善悪に関はらず、隠立をしたことはなく、露骨に言ふて仕舞ふ性質で、また物事には極りがよくて、雑魚釣《ざこつり》などでも、其極りのよいことが知れたさうです。

雑魚釣と申せば、兄の幼い時には大好であって、確か兄が十四歳の時と思ふ、島崎（三島郡）と申す五里もある所へ、盆の川狩り殺生に参り、また五里の途を帰って来て、平気であったが、往復十里とは仲々骨が折れた話で御座います。

仲の良かった方は、三間市之進《みつまいちのしん》、花輪馨之進《はなわけいのしん》、後に求馬と改名。それから小山良運《こやまりょううん》さんなどで、馨之進さんと良運さんとは、妾の縁付かぬ前から懇意に致し、就中、良運さんとは、毎日のやうに往来して居りました」

とあった。

また古老の話として、

「何分継之助は腕白ものにて、殊に長者を凌ぐの風ありしかば、兎角《とかく》に年長者に悪みを受けしが、ある時その両手を押へられ、血の出るほど、煙管《きせる》で指の節を叩かれしに、ホロホロ涙を出しながらも、一言も許してくれとは言わなかった」

とあった。

なにせ人の言うことを一切聞かない強情もので、馬術の稽古の時、馬にまたがるやいなや鞭をあて、全力で馬を走らせる始末で、馬術師範が、

「おりさっしゃい、おりさっしゃい」

と叫んでも、聞く耳もたなかった。

「始末に負えぬ男だ」

馬術師範は嘆いた。

夢

その継之助にも、夢はあった。

良運には言わなかったが、藩校崇徳館で、高野松陰《しょういん》を通して佐久間象山《しょうざん》や山田方谷《ほうこく》の存在を知って以来、ここを抜け出し江戸に出て、流行の洋学を学びたいと、思うようになっていた。

象山は海防を研究し、方谷も外国に関心を寄せていることが、継之助の心をいたく刺激した。清国が英国との戦争に負けたことも、もっと知りたいと思った。

「ぬるま湯から抜け出して、広い世界に羽ばたいてみたい」

日一日とその思いが強くなる。

しかし、江戸遊学の機会は一向に来ない。良運のほか花輪馨之進や三間市之進、川島億次郎《おくじろう》、小林虎三郎《とらさぶろう》らと若者の集団、桶党《おけとう》で論議を戦わせ、鬱憤《うっぷん》を晴らしているが、

「井のなかの蛙、大海をしらず」

お互い、勝手なことを言い、あとは呑んだくれて、喧嘩になるのが関の山であった。そうしたなかで、良運だけは、いつも親身になって心配してくれた。医者の息子である。頭はずばぬけていい。

「良運さん、俺をなんで、江戸に出さねえんだ。あの馬鹿めが」

継之助は、筆頭家老の稲垣平助《へいすけ》に対し毒づいた。自費ででかけるというのに何度頼んでも返事がない。

稲垣は代々、筆頭家老職の家柄である。

「家老の倅でなきゃ、家老になれねえというのが、おかしいと思わねがえ」

良運が相手だと、なんでも言えた。

「継さ、少し、おとなしくしてた方が、いいんでねえすけの」

良運はいつも、なだめ役であった。

稲垣平助に言わせると武門とは秩序美だというのだった。継之助は稲垣平助に、

「武士の世は滅びようとしている」

と聞き捨てならぬ予言を口走った。

「おみしゃんは、それだから藩外に出せぬ」

と、江戸遊学を認めなかったが、継之助は何度も何度も陳情し、ついに稲垣も根負けし、江戸遊学を認めたのだった。

この間、数年間という葛藤があった。

女遊び

継之助は憂さ晴らしに、二十歳を過ぎた頃から祭りがあると、どこにでも出かけた。町内の盆踊りには、妹の浴衣を着て、手ぬぐいで頬《ほお》かぶりして出かけた。

お山の千本桜
花は千咲くなる実はひとつ

と、のどをきかせて唄い踊った。

「母上には黙っていろと申して、家を抜け出し、明け方まで帰りませんでした」

妹の安子が後に語っている。

実は体がうずいて仕方がなかった。

こうなると、朱子学も陽明学もあったものではない。

体制維持の朱子学にはうんざりしていて、少しは幅のある陽明学に凝り、国の名臣たらんと写本にも夢中になったが、今や頭は女のことでいっぱい。陽明学どころではない。

「学問のため」と、母親をだまして金を持ち出し、遊廓《ゆうかく》で遊ぶことも覚えた。

長岡城下の遊廓は、信濃川舟運の繁盛とともに大きくなり、城下を流れる内川沿いの南と北に二つの廓《くるわ》があった。商人は主に南を利用するのに対し、侍は北に顔を出した。

継之助は、北の富士屋にちょくちょく通った。さすがに具合が悪いか頬かぶりをし、舟で下った。

ここで小股《こまた》の切れあがった、いい女に出会った。おこうである。年はすこし上のようだ。

「男は度胸、女は愛嬌、俺はなあ、あいつに惚れたでや」

と、いっぱしの口をきいた。おこうもいつしか継之助に思いを寄せ、

「おまえさん」

と呼ぶようになった。

後に継之助は、おこうを身請けしている。その辺りは、さすがに半端ではない。

真面目な良運には、決して声をかけず、良運はしばらくの間、何も知らずにいた。

「良運さん、おみしゃんは、まだか」

ある時、継之助がふと漏らしたことで、ばれるのだが、良運は最初、何を聞かれたのか分からず、

「なんのことだ」

と、問いただしている。

「おなごだ」

「えぇッ」

良運は、みるみる赤くなった。

こんな暮らしが一、二年続いた。

母親が継之助の乱行に、気づかぬはずはない。

「継之助、嫁をもらいなしゃい」

とんとん拍子に見合いが進み、嘉永三年（一八五〇）、同藩の椥野《なぎの》嘉兵衛の妹、すがと結婚した。継之助二十四歳である。

椥野家は禄二百五十石、嘉兵衛は藩公の側役、参政の要職にあった。

すがは十六歳、丈は高く面長の美人であった。一緒に暮らしてみると、気が強いところもあり、浮気は当分ご法度、継之助はちょっとの間、遊廓通いをやめて、ふたたび勉学に励むこと

になる。

義兄の嘉兵衛は気骨ある男で、継之助を引き立てようと努力してくれた。こうしたことも含めて、すがは過ぎた女房であった。

数年遅れの遊学

嘉永《かえい》六年（一八五三）春、江戸――。

ぎょろりと目玉をむき、どことなく肩肘はった侍が、江戸愛宕下の辺りを歩いていた。

河井継之助、二十七歳である。

江戸に向かう途中、雪が解けた三国街道は燃えるような美しさであった。

司馬さんは冬に出立したと書いた。深い雪の中を歩いて江戸に向かった方が、劇的だった。

湯沢の旅籠で、酌婦《しゃくふ》を呼んで、唄を歌った。

四海波《しかいなみ》でも
切れるときゃ切れる
三味線枕で、チョイト
コリャコリャ、二世《にせ》三世《さんせ》

外が大雪の方が情緒があることは確かだった。ともあれ夢にまで見た江戸遊学の日々である。

見るもの聞くもの、全身に響く感動があった。

言いたい放題、日ごろの行動が災いして友人たちより数年遅い遊学だった。

一足先に来ていた小林虎三郎や川島億次郎、鵜殿団次郎《うどのだんじろう》らと芝田村町の海月楼に乗り込んで、大騒ぎである。ここは長岡藩がよく使う割烹《かっぽう》である。

「継之助が行くと、銭《ぜに》がかかるでや」

と稲垣が言ったが、そのきらいはあった。勉学に金はかかると割り切り、気にすることはない。

平気な顔で、じゃんじゃん使う。

日々、驚きの連続だが、それをおくびにも出さないところが、継之助である。

旗本などに負けるものかと、大いに胸をはるが、現実には、長岡藩士といったところで、越後の小藩である。上杉謙信の時代ならいざ知らず、誰もさほどの関心を持たない。

「そうかい」

という程度の扱いである。

それに比べ、六十里峠をはるかに越えて小さな盆地に暮らす会津藩の方が、江戸では知られているのは不思議だった。

会津藩祖保科正之《ほしなまさゆき》が、徳川家康の孫、三代将軍家光の異母弟という徳川一門だったからだ。

「そのうち越後に長岡藩あり、何かどでかいことをして見せる」

それが継之助のひそかな夢だった。

久敬舎

江戸は広い。日本橋の辺りで眺めていると、江戸の賑わいが手にとるように分かる。岸辺には伊勢や近江、大坂など上方商人の土蔵がずらりと並び、町人、侍、僧侶、駕籠舁き、大八車、女、子供とひきも切らぬ人の流れである。

その雑踏の喧騒《けんそう》は、越後では想像もつかない。

水を見たくなると、両国橋辺りの隅田川に行くが、橋の両側に茶屋、船宿、料理屋がひしめき、矢場遊びをさせる楊弓店《ようきゅう》には、若い矢取り女がいて、黄色い声で客を引いている。

信濃川の悠久の大自然は、どこにもない。それが不満だが、致し方ない。

親友の良運は大坂の緒方洪庵の適塾で医学を学んでいる。奴に負けるわけにはいかない。

継之助は最初、伊勢の儒者、斎藤拙堂《さいとうせつどう》の門を叩いたが、洋学を学びたいと、次に古賀謹一郎《こがきんいちろう》の久敬舎《きゅうけいしゃ》に入った。

ここは幕府の学問所昌平黌《しょうへいこう》に入学するための予備門的存在で、全国から俊英が来ていた。塾長の古賀は軍事、外交上に必要な西洋の学問を学ぶ、蕃書調所頭取の地位にもあった。ところが継之助の根は陽明学である。

これは支配階級からいえば、非常に都合が悪く危なくてしようがない考え方だった。継之助は教材の書き写しに時間を費やした。

日々、久敬舎の書庫に潜り込み、あれこれ書籍を眺めているうち、「これだ」というのを見つけた。中国宋代の名臣で、徽宗《きそう》皇帝の時代、北方からの金の侵攻に対処する戦略を唱えた『李忠定《りちゅうてい》公集』である。

李忠定は主戦論を唱え、主君に上書する一方、自らも政治の第一線に立って活躍した人物である。

いずれ自分は長岡藩の先頭に立って、武勲をあげたい。これを読んで主君に上奏文をしたためた。

時あたかもペリー艦隊の来航で、国論は大揺れである。

主君牧野忠雅公は、

「面白い男だ」

と継之助に目をつけ、抜擢した。

御目付格評定方随役、三十石を賜る大出世である。

これが継之助の波乱の人生の幕開けだった。

後年、長岡藩を率いて薩長と戦う継之助が浮かんでくる。

主君忠雅公こそ、大恩人だった。

これで半年たらずで帰国となった。継之助は意気揚々と三国街道を急いだ。

鉛色の空

江戸と長岡を結ぶ三国街道は、七十六里の行程である。この年もひどい雪で、越後湯沢の辺りは、丈余の雪である。

陽光が途絶えた暗い鉛色の空から間断なく雪が舞ってくる。それがドカドカと押し寄せて来る。

ときおり、轟々と風が吹き、一寸先も見えなくなる。

「およそ日本国中において、第一等の深き国は越後なりと古昔も今も人のいうことなり」

と鈴木《すずき》牧之《ぼくし》は『北越雪譜《ほくえつせきふ》』に書いた。

鈴木牧之は、この近く魚沼郡塩沢の人で、天保の頃、越後の雪を本に書き、江戸で大評判になった。

「雪国の難儀、暖地の人、思いはかるべし。吹雪に遭いたる時は、雪を掘り、身をそのなかに埋むれば、死を免れることあり。凍え死したるは、塩を炒りて布に包み、臍を暖め、藁火の弱きをもって次第に暖たむべし。強き湯火にて暖たむれば、火傷のごとく腫れ、ついに腐りて、指を落とす」

さまざまのことを書いていた。

継之助は妖怪《ようかい》が荒れ狂うかのように、横なぐりに降り積もる雪の中を旅していた。

幼い頃、祖母から山姥《やまんば》の話を聞いたことがあった。

麻のような毛を、おどろに振り乱す鬼婆さまが、吹雪のなかから現れて、人馬をとって食う話である。薄暗い宿から外を眺めていると、吹雪は妖怪の仕業に思えてくる。

旅人は皆、黙りこくって、うつむいていた。こんな季節に、わざわざ峠を越えるとは、あほなことだと思うが、それぞれに、正月前に帰らねばならぬ用事があるのだろう。

晴れ間を見て、雪踏み人足が、かんじきで雪を踏み固め、街道を確保するが、それまでは晴れるのを、じっと待つしかない。

冬になれば、雪が降るのは当たり前として育ったが、雪のない関東で暮らしてみると、雪が越後の人々をいかに苦しめていたかがよくわかる。

「まったくしょうがねえ空だのう」

継之助は呟いた。

継之助は、焦っていた。殿さまから、藩政改革という重大な使命を帯びたのだ。

世界の動きも知らずに、長岡で安穏と暮らしている筆頭家老の稲垣平助に、わが国がおかれている危険な状況を、まず教えねばならぬ。剣術と槍術に明け暮れている若者たちに、砲術の大事さを説かねばならぬ。

かくなる上は、一刻も早く国元に帰り、藩政に当たらねばならない。

継之助の心は、火のように燃えていた。

「それにしても、降りやがる」

継之助は舌打ちした。しかし、いくら急《せ》いても、いかんともしがたい。越後は難儀なところだと継之助は改めて思った。

風がやんで、どこからともなく、唄が聞こえてくる。

数の宝を書きとめる
ションガイナ　ションガイナ
おらも後から書きとめる
ションガイナ　ションガイナ

瞽女《ごぜ》の唄だ。

どこか近くに瞽女宿があるのだろう。女たちは、三味線を片手に門口で唄い、米や金をもらって歩く盲目の女旅芸人である。

関東に稼ぎに出て、継之助と同じように、正月を郷里で過ごそうと、越後に帰るところなのだろう。

四日目に、ようやく晴れた。一面、丈余の銀世界である。

継之助は藁沓《わらぐつ》をはき、かんじきに雪掘りに必要な木鋤も背負って、六日町を目指した。握り飯も余分に持った。軽装のため何人もが、命を落としている。用心に、こしたことはない。

継之助は、六日町から十日町への道を急いだ。

眼下に信濃川が広がったとき、言い知れぬ感動で、継之助の目が光った。

越後の山河だ。

継之助はじっと見入った。

なぜか分からぬが、涙が頬を伝って流れる。

故郷の山河はいい。越後があって、はじめて日本がある。世界があるんだ。継之助は万感せまる思いで立ち尽くした。

悠久の大河は、真っ白い山谷を縫うように、ゆったりと流れている。はるか彼方に駒ヶ岳、中ノ岳、八海山の越後三山も見渡せた。

信濃に近いこの辺りの人は、千曲の大川とも呼ぶ。たしかに、龍のような大河であった。

長岡は、もう目と鼻の先である。

「帰ったぞおう」

継之助は、越後の大地に向かって叫んだ。

家中の序列

大晦日《おおみそか》の夜、大崎彦助がやって来た。

外は大雪である。陰鬱《いんうつ》極まりない。しかしどっぷり雪が積もってしまうと、風さえなければひどく寒いというわけではない。しかしまあ嫌な季節である。

「河井先生、ご家老の勘右衛門が、先生の悪口をいっておるすけの」

と言う。

「なんでだや」

「評定方随役など聞いてねえ、と騒いでおるすけの」

「ばかな、俺は殿さまから、命ぜられたのだぞ」

「いや、殿さまからは、何も聞いていねえと」

彦助の真剣な様子から察して、おそらく事実であろう。

彦助は長岡藩領来伝《らいでん》村の庄屋の倅で、十代の頃、継之助の姉ふさが嫁いだ佐野家に寄宿して勉強していた。その関係でよく継之助の家に使いに来た。

継之助より九つ下で、目のくりくりした利発な少年だった。

以来、継之助を兄とも師とも慕い、継之助が江戸で遊学中、出奔して追いかけて来たこともある。一の子分といってもいい。

「先生がせっかく江戸から戻られたというのに」

彦助は悔しそうな顔をして涙ぐんだ。

継之助は大手口の北側にある、山本勘右衛門の広壮な屋敷を思い浮かべた。

長岡藩の家中の構成は、まず藩主牧野家の一門が上座を占める。江戸家老の稲垣がそうだ。次に稲垣、山本の二家があり、代々家老を世襲している。

この三人から睨まれているのだから、継之助の立場は日々、薄氷《はくひょう》を踏むようなものだが、殿さまが決めたことに、けちをつけるとは、許しがたい。継之助は怒った。

明日、元旦は朝七時に諸士一同、登城して主君に年始の賀詞《がし》を言上し、その後、御重役の家を回る習わしになっている。

主君は江戸なので、顔を出すことは滅多になく、国家老がすべてを仕切る。

その矢先に、これである。

そこへ花輪馨之進や三間市之進、外山寅太もやってきた。花輪は年が近いが、あとの二人はぐっと若く、寅太は彦助と同じ庄屋の出である。継之助を先生と慕っている。

「話は聞いたでや。しかしな、俺は殿さまの命令で役に就いたんだ。俺は、やるだけだ」

「そうだ、そうだ」

除夜の鐘を聞きながら、五人は、へべれけに飲んだ。三間の家は三百五十石の上級武士、いつ気が変わるか知れたものではないが、いまのところは、継之助の味方である。

元旦《がんたん》の朝である。

ひととおり式が終わって、家老衆の家を回った。どこも混んでいて、ろくに話もできない。さっさと帰って、ごろ寝をしていると、義兄の嘉兵衛が年始にやって来た。

「気長に、やれや」

という。すべてを知っている口ぶりである。義兄と喧嘩しても始まらないが、この藩は佐久間象山のような危機意識は、ひとかけらもない。小林虎三郎や川島億次郎、鵜殿団次郎らが江戸に止まったこともあり、継之助は孤立している。

「義兄《あに》さ、清国はエゲレスに香港をば、取られたのだぞ」

「分かっとるが、それと長岡が、どう関係するんだ。そこだで」

義兄は言う。

親父は、にわかに耳が聞こえなくなったのか、さわらぬ神にたたりなし、といった顔で黙っている。

「継之助、思うように、やりんしゃい」

母親だけは、味方であった。

正月があけて、登城を始めたが、白々しくて砂を噛むような日々である。

家老山本勘右衛門は、

「おみしゃんのことは、何も聞いておらんでな」

と、継之助を決して評定に入れようとはしない。中の下の家格の継之助が主君に抜擢されたことが、気にいらない。重役会議にかけて決まったわけではなく、主君の単なる思い付きに過ぎないというのが、勘右衛門の見解である。

筆頭家老の稲垣平助も、

「わしも、殿から、なにも言いつかってはおらぬぞ、山本どのの、おっしゃる通りでござる」

と、したり顔だ。

この男、継之助より十歳ほど若く、二十歳になったかならぬかの若輩である。

ただ門閥ということで、二千石を食《は》み、筆頭家老などと称している。

「とんでもない野郎だ。阿呆どもの言うことなど、無視だ」

継之助は、誰より早く登城して評定所に詰めたが、まるでお呼びがかからない。

業を煮やし、ついには桶党を集めて、門閥廃止の藩政批判をはじめた。

おりしも象山の予言どおり、江戸湾にペリー率いるアメリカ東洋艦隊が二度も入港し、日本に開国を求めた。

「長岡も目覚めねばならんぞ。越後の海にも、いつ異国の軍艦が来るか、分かったものではないッ」

継之助は若者に、はっぱをかけた。

これには勘右衛門も困りはて、江戸家老の牧野頼母に、継之助を下ろすよう迫った。

「殿さま、危惧した通りにござりますな。継之助は、まだまだ野に放っておいた方が、よろしいかと」

頼母ももともとは反対である。

「ううむ、なかなかの若者と、わしは見たのじゃがなあ」

いかんせん、周囲から、そうすかんとあっては、主君としても、なす術がない。

「継之助さ、ここは降りろ」

義兄が継之助をなだめ、半年ほどで部屋住みに転落した。

人生こんなものである。

破れかぶれ

部屋住みが継之助を大きく変える。

門閥に対する敵視である。

薩摩、長州の下級武士の藩内改革の気風に、どこか似ていた。

このとき継之助、二十八歳。

いまや破れかぶれ、自由の身である。

釣りに出かけ、北の廓に登楼し、おこうを相手に、のどを磨いた。

何をしようが文句は言わせない。やりたいようにやるだけだ。継之助は開き直った。

継之助をこういう男にしてしまった家老たちは、あとでひどく後悔することになる。

いえばいうほど継之助は、反対の行動に出るからだ。しかも何人もの味方を抱えている。

安政二年（一八五五）五月である。

間もなく梅雨《つゆ》も終わり、本格的な夏である。しかし、間もなく三十だというのに、これという仕事もない。さすがの継之助にも、いたたまれない焦りがあった。義兄が見兼ねて江戸出府を働きかけたが、家老たちが首を縦に振らない。

飼い殺しである。

越後の竜も、手足をもがれては、ばたつけない。幸い、女房が何も言わないので助かる。

「男は放っておきなしゃい」

母親がなんやかやと、かばっているので、女房としても、言いだし難い。

藩主忠雅の養子、忠恭《ただゆき》が来月、はじめて長岡に帰城する事になった。忠恭は三河西尾藩主松平乗寛《のりひろ》の第二子で、牧野家の世嗣に迎えられた。年は三十を越したところで、継之助とさほど変わらない。

その際、藩内の文武に優れた者が、若君に進講する恒例行事がある。

「継さ、経書の講釈を頼むとのことだでや」

義兄が笑顔でやってきた。

経書とは孔子《こうし》、孟子《もうし》の四書、五経の類いである。陽明学を学んだ継之助である。講釈しろといわれれば、出来ぬ事はないが、いま継之助が関心を抱いているのは、洋学であり、富国強兵である。

「俺が喋れば、家老どもの悪口を言うことになるぞ」

「それも困るだや。お前さんは、言い出したら、梃子《てこ》でも動かぬからなあ」

義兄もあきらめた。

驚いた家老たちは、あの手この手で継之助を攻めたが頑として、

「お断り致す」

の一点ばりである。たちまち家中の評判になった。

これに稲垣平助は烈火のごとく怒った。

「その方、不埒のことに付き、お叱り仰せ付け候」

と譴責《けんせき》処分に出た。

「ふん」

継之助は譴責処分を酒の肴に、連日、酒盛りである。

翌安政三年、継之助は川島億次郎と山形、庄内、石巻、仙台など奥羽各地に旅をした。

「長岡も少しは、静かになるでや」

「それは、言える」

二人は大手をふって、見聞を広めた。

外様吟味役

安政四年（一八五七）、父が隠居し、継之助が家督を継いだ。

三十一歳であった。

翌年、主君忠雅が病没し、忠恭《ただゆき》が封を継いだ。その機会に人材の発掘をすすめることになり、ようやく継之助にも役が就いた。

義兄の手助けもあって就任した外様吟味役《とざまぎんみやく》は、各地を巡る地方官である。

地方といっても代々の藩領ではなく新たに藩領となった土地の裁判役というところであろう。

どの程度の位かというと、藩主の下に家老がいて中老、奉行と続き、その下に勘定役がおり、町奉行、郡奉行、宗門奉行、目付などが並ぶ。

その下に、蔵米の出納、監視といった経済部門を担当する吟味方頭取がいる。さらにその下に村の紛争を処理する外様吟味役という職種があった。下っ端の役人である。

「まあいいか」

継之助は素直に喜んだ。無論、これで一生を終わるつもりは、さらさらない。ここは点数を稼いで、ふたたび江戸に出る機会を狙うのだ。

浪人生活で、継之助も大人になっている。継之助の最初の仕事は、古志郡宮路《みやじ》村の庄屋と村民の争いの仲裁であった。だいたい非は庄屋の横暴にある事が多い。しかし庄屋は代官の任命なので、藩の利権と微妙にからんでいる。そこが難しいところだった。

案の定、庄屋菊池某の罪状が明らかになった。同時に村人を扇動している輩の存在も浮かんだ。

「おみしゃん、ここは、おれに任せろや」

継之助は庄屋から委任を取り付け、

「おみしゃんら百姓たちも、ここは俺の言う事を聞いてくりや」

たちまち双方をまとめ、一人の怪我人も出さずに、解決をみた。

いかにも継之助らしい、やり方である。肩で風を切るわけではなく、双方におのれをぶっつけ、信頼を勝ち得て、けりをつけるあたりは、さすがであった。

継之助もどうにか、使い物になってきたな、と筆頭家老の稲垣が呟いたと、後日、義兄が話してくれた。

「馬鹿野郎が、てめえは何もできねえだろう」

継之助は笑った。まんまと策は成功した。

二度目の遊学

安政五年（一八五八）十二月、継之助は藩主忠恭に願い出て、再び遊学の旅に出た。

継之助三十二歳である。また久敬塾に世話になった。

隣の席に、いつも座る若者がいる。鈴木虎太郎、十六歳の少年である。刈谷三郎とも言い、後年は無隠《むいん》を名乗った。

足利藩の医者の息子である。

継之助に興味を抱いたと見え、とにかく離れない。

後年、虎太郎は継之助の逸話をいくつも伝え、継之助の破天荒な勉学ぶりが、明らかになる。

虎太郎が見た継之助の暮らしぶりは、他の塾生とは、まったく異なっていた。

食事のとき、他の塾生は豆腐を煮るとか、豆を煮るとか、いろいろおかずを作ったが、継之助は三カ月でも四カ月でも、塾からだされた沢庵《たくあん》の漬物しか口にしない。その代わり、月に一、二度、柳橋に行って芸者をあげて飲んでいた。

飲んで帰ってくると、蠟燭《ろうそく》に火を付けて、それを前におき、人とにらめっこするのが好きで、百目蠟燭二本へ火を付けて、鼻の先に突き出しても、継之助は瞬きひとつしなかった。

あいつは、お天道さまを見ても、瞬きをせぬからな、と言った男がいたが、それが不思議で仕方がなかった。

言うことも、ひどく変わっていた。

「いま柳原の土手を通って帰ってきたら、横町から糞を担いだ奴が突きあたって、刀の鞘に糞をかけられてな。当たり前なら手打ちだが、間違ったときは殺すべきにあらず。いかに体面を保つかだけだや」

と言って、平然としていたことがあった。人間には間違いもある。なるほどその通りだと虎太郎はいたく感心した。

また、こんなこともあった。

塾生六、七人と新宿の先まで観梅《かんばい》に行った事がある。帰る途中、料理屋で一杯飲んだ。当時、塾頭は米沢藩士の小田切盛徳という男で、勘定になって、小田切が懐に手をいれ、

「あいにく、二分金しか持合わせがない。だれか勘定してくれ」

と辺りを見回した。すると継之助が、

「俺が勘定する。だがな、小田切のは別だでや」

と言って、小田切の分を除いて勘定をすませ、さっさと出てきてしまった。

以来、小田切の信用はいっぺんに、なくなってしまった。金の使い方について、たいへん教えられた。

こんなこともあった。塾の悪童どもと、堀切の花菖蒲《はなしょうぶ》を見に行った。

このときは、継之助は一緒ではない。帰りに吉原に行こうと皆が言う。虎太郎が「私はまいりません」と言うと、それでは先に帰れと言う。

皆さんと一緒に来たのだから、一人では帰りません、と主張し、皆を連れて帰ったことがあった。それを聞いた継之助が、

「お前も十六になったのだから、自分で考えて、行動しなければならんでや。よく帰ってきた」といたく褒めてくれ、菓子をご馳走になった。そのあとで、

「いいか、女郎買いなど、するもんではないでや」

と説教した。

自分は相当にいい加減なのに、どうしてと虎太郎は思った。

象山の門

この年の秋、継之助は久敬舎を去って佐久間象山の門を叩いた。

象山の塾は木挽《こびき》町五丁目にあった。

門下には旗本の勝麟太郎《かつりんたろう》、越前の橋本左内《はしもとさない》、長州の吉田寅次郎《よしだとらじろう》、会津の山本覚馬《やまもとかくま》らがいた。寅次郎は、後の松陰である。

「長岡の河井継之助でござる」

象山に丁重に挨拶すると、

「越後か。小林君は、なかなか優秀だ。蘭語を学ぶべし、見習いたまえ」

と、ぎょろりと目玉をむきものを言う。年の頃、四十二、三歳。髭をたくわえ、

「幕府のお偉がたは、どいつもこいつも馬鹿ばかりだ。迷う事なく鎖国を解き、大いに洋学を学ばぬと、いずれ日本は異国の餌食にされてしまう」

開口一番、声高ににらみつける。

「はあ」

継之助は、うなずいたが、最初に小林を褒めたことが気にいらない。しかし言うことは、なるほどと思わせる。しかし蘭語を学べというのは厳しい。字を見ただけで、頭が三角になりそうだ。これには困ったと溜め息をついた。

象山は偉才であった。

継之助は、これほどの偉才を初めて見た。

象山は文化八年（一八一一）真田十万石の城下町、信州松代の有楽《うら》町に生まれた。現在の長野市松代町である。

父一学は藩主の近習役、側納戸役、剣術師範などを務め、晩年、千曲川の土手普請の宰領を務めるなど、主君の信頼が厚い人物だった。

母はまん、足軽の娘だった。

象山は生来、天才児といわれ、負けずぎらいで喧嘩も強かった。

江戸に出たのは二十一歳の時である。主君真田幸貫が幕府老中、海防掛となるや、象山は海防顧問として「海防八策」をまとめた。

海防八策
一、諸国海岸の要所に砲台を設置する。
一、オランダに輸出している銅の輸出を禁じ、この銅で、大砲を作る。
一、欧米に劣らぬ大船を造り江戸への物資輸送に安全を期す。
一、海運に携わる役人を厳選し、海上警備を強化する。
一、海外の艦船製法の術を学び、海軍の養成に努める。
一、全国津々浦々に学校を設け、忠孝節義の道を教える。

一、賞罰を明らかにし、政治に信頼を持たせ、民心の団結を図る。
一、人材登用に道を開く。

と、いったものだった。

どこか気に入らない人物だったが、驚くべき策略だった。

「まさにえらい先生だで」

継之助は象山に大いに敬意を表し、蘭語を学ばんとしたが、とても難解でものにならず諦めた。

その辺の切り替えは早い。


ちらちら、家のなかをのぞくと、入れ替り、立ち替り玄人風の女が出入りしている。

あとで小林に聞くと、象山の妾たちで、菊や蝶などあでやかな名前である。子供も四人いるが、正室はいないという。

こいつは女好きらしい。

もっとも、自分もそうなので、人のことはいえない。

この年の暮れに、象山は勝麟太郎の妹、順と結婚している。なんと順は十七歳、親子ほど離れている。この男は怪物だと継之助も舌を巻いた。

自分の書斎を「海舟書屋」と名づけ、額にしたためて掲げてある。

「海舟とは、なんでございましょうか」

恐る恐る問うと、

「海軍だ」

と言い、

「ひとつ、軍艦を新造して、水軍を調練すべし。ひとつ、将材を選び、警急に備うべきこと。大砲を演習すべきこと。聯軍の法をもって、列藩の水軍を束ねるべし」

難しいことを、次々に並べる。

千客万来で、少しも落ち着かない。

「あとは小林君に聞きたまえ」

そう言って、席を立った。

継之助は、人一倍、自尊心が強い。小林の野郎、調子がいいなと、いささか嫉妬した。

ともあれ朱子学とか陽明学などの儒教ではこの国はたちゆかなくなる。これは大いに賛同した。

「時代は洋学だで」

継之助は大変身した。

変わり身の速さは長岡藩随一でもあった。しかし継之助は象山をすべて尊敬したわけではなかった。

象山が偉才であることは、間違いない。一日、四時間の睡眠で、蘭語を二カ月で修得したというから自信過剰といおうか、傲岸不遜《ごうがんふそん》というか、すべからく持説に固執するのも、やむを得ぬかもしれない。

どこか似ているせいか、うまが合うところもあった。ちなみに勝麟太郎は、のちに象山の海舟を己の雅号にしている。

やがて継之助は、もっと広く世のなかを見たいという思いが強くなっていた。

机上の勉学だけで、世のなかは変えられない。この辺りで大海を知らねばと、西国に旅に出ることにしていると、江戸藩邸に呼ばれて、家老の山本勘右衛門から神奈川沖にエゲレスの軍艦が停泊しているので、横浜を警備するよう、命令があった。

「生殺与奪の大権をご一任くだされば、謹んで命を奉じまする。しかし、それでなければ、お断り致します」

といって、勘右衛門の顔をしげしげと見てやった。勘右衛門は苦しげに、

「それは出来ぬ、すべからく藩に伺を立ててもらわねばならぬ」

と、紋切り型の答えである。

「誠に恐れ入るが、ご免こうむります」

と言って、さっさと帰って来た。

「冗談じゃねえ。敵が大砲を打っても、こちらは何一つ、できねえとあっては、なにも警備などやる必要もねえや」

と継之助は周囲に語った。

すると、また使いが来て藩邸に出頭せよという。二度も頼まれては断れない。しかも、全権をお前に委託するという。西国の旅のこともあるので、こんどは引き受けることにした。

港横浜

継之助は藩兵を率いて横浜に向かったが、外国船が入ったからといっても、これといった仕事があるわけではない。

品川まで来ると、女郎屋が目に入った。

「おお、ここで休憩だ。お前らもあがれや、なんでも好きにいたせや」

継之助はひらりと馬から降りて、さっさと、二階に上がってしまった。

翌日、皆、晴れやかな顔で横浜に向かったが、世のなか、裏切り者はいるもので、藩邸に通報され、継之助はあえなく呼び戻された。

勘右衛門が、額に青筋を立てて待っていて、

「継之助、由々しきことである。殿もお怒りであるぞ」

と勝ち誇った様子である。

こちらは、とうにこうしたこともあるかと、答えは用意しておいた。

「ご家老、お言葉ではござるが、私にすべて、委任すると、申されたはずでござる。お屋敷の御門を出た以上、何をいたそうが、私の勝手にござる」

「むむむ」

勘右衛門は、言葉につまった。
藩内に継之助の悪名は、ますます高まったが、継之助は平気だった。
ああいえば、こういうで、継之助に勝てる者はいなかった。

第二章　陽明学の大家、山田方谷に学ぶ

備中松山へ

今度は備中松山（岡山県高梁市《たかはし》）在住の陽明学の大家、山田方谷《やまだほうこく》に師事したいと考え、江戸家老の山本に願い出た。

ただし藩から旅費は出ない。大枚五十両を父親からせびり、安政六年（一八五九）六月七日、江戸をあとにした。

藩費はなしだから、胸を張っての行脚《あんぎゃ》である。

当時の五十両は、いったいどのくらいの金額か。米価に換算すると、約三百五十万円になる。大金である。よく出してくれたものだ。

山田方谷は備中阿賀郡西方村の庄屋の倅で、江戸に出て五年間、佐藤一斎に陽明学を学び、主君板倉勝静《かつきよ》を助けて備中松山藩の藩政改革に当たり、山積した負債を解消した人物である。

継之助は旅にあたり、日記を付けた。

それが『塵壺《ちりつぼ》』である。

継之助、三十三歳の安政六年、尊敬する松山藩の山田方谷を慕ってはるばる備中松山に遊学し、さらに長崎に遊び、世界事情を学び、再び松山に戻った旅日記である。


安政戊午《ぼご》（五年）十二月二十七日、長岡を出て、己未《きび》六年正月六日、江戸着。同十五日、「久敬舎」へ入塾。六月四日、退塾。同七日、武氏（武回庵、継之助の義兄の家）を立つ。花、三、鵜の三氏（花輪馨之進、三間市之進、鵜殿団次郎）、横浜の交易見物ながら送らる。

日記の冒頭に、継之助はこう書いた。

継之助は友人に恵まれていた。

ガキのころから付き合いのある花輪や三間や鵜殿とは水ももらさぬほど仲がいい。こういう結束がなければ、藩政を握ることは出来ない。

のちに花輪は長岡軍の軍事掛として継之助を補佐、明治以降は、長岡藩の権大参事として、長岡の復興に当たる。

三間も軍事掛として奮戦、明治以降は軍人となり、西南戦争で功績をあげ、晩年、石川県知事を務めている。

鵜殿は文久二年（一八六二）、幕府に召され、蕃書調所の教授、さらには目付となり、勝海舟の側近の一人となる。

この時も三人は横浜まで継之助を見送っている。

継之助は一匹狼の印象もあるが、決してそうではなく、三人のことはすごく大事にしていた。

三人にとっても継之助はかけがえのない友人だった。

継之助は、自分の主張を通しまくる我の強い男に見えるが、結構気配りの男で、言葉の表現にも深みがあった。

驚くのは、並外れた文才である。この旅で記述した『塵壺』は、感受性豊かな文章で、読む人を驚かせるものだった。私も正直、脱帽した。

継之助は安政六年六月七日、江戸を出発、浜松、名古屋、桑名を通り、津三十二万四千石の城下に到り、旧師斎藤拙堂を訪ね、旧交を温めたあと、紀州路をへて京都に入った。

真言宗泉涌寺派大本山である泉涌寺《せんにゅうじ》や臨済宗東福寺派大本山の東福寺や宇治の平等院などを見て、大坂の長岡藩蔵屋敷に着いた。

ここで大いに接待でも受けたかと思いきや、何もなく、一夜、泊まっただけで、翌日から安宿を泊まり歩いた。

「不親切な宿のため、洗濯も出来ず」

と、日記にあった。

しぶしぶ面談

旅の目的は松山藩の顧問を務める山田方谷を訪ねることである。

方谷の屋敷は、高梁川《たかはし》を三里ほど上った山中にあった。

司馬さんの『峠』では、方谷は最初、面会を断るよう門人に伝えている。しかし、門人が、

「ひきあげそうにない骨柄《こつがら》」

と言ったので、しぶしぶ会ったことになっている。

方谷は物憂《ものう》かった。

「お気の毒ですが、私にはひまがない。とても講学はできませぬ」

「心得ております」

継之助は、ふかくうなずいた。

「私は先生から経書（儒学の原典）の講義を拝聴しに参ったのではございませぬ」

「では、なにをしに」

「先生が日常なさることを学びたくて参ったのでございます」

方谷は継之助に魅力を感じてしまった。しばらく考えていたが、

「では二、三日、松山の旅籠で返事を待ってくれ」

と自分でも予期しない返答をした。

と、司馬さんの『峠』にある。


やっと出会えた方谷は、頭が大きく、理知的な顔をしていた。

方谷が武士の出ではなく、百姓の出であることも興味を誘った。

いよいよ面談である。

「ほう、長岡でござるか。この世は名君に出会わなければ、何を申しても詮なきこと」

と、方谷が言った。

安政の大獄のとき、方谷の主人板倉勝静は寺社奉行だった。断罪をすべきにあらずと井伊大老に進言したが、大老は、

「ならぬ」

と言って、板倉を寺社奉行から外した。大老は判断を誤り、桜田門外で殺された。

「すべては大老次第、やむを得ぬことであった」

と、方谷は語り、継之助が自費できたことに、感心し、

「昨今の官吏は公金を使うことばかり、考えておる。それが国を滅ぼす」

といった。継之助は方谷から、いくつかのことを学んだ。

もっとも感銘を受けたのは、百姓や町人に至るまで藩の政策を幅広く領民に納得させ、その力を活用して藩の財政を確立し、産業を起こし、教育を盛んにし、文武の振興をはかるという教えだった。

方谷の見識がいかに時流を抜いていたか。継之助は驚くことばかりだった。

幕府は大きな船

方谷は江戸で勤務もしていた。文久元年（一八六一）、主君の板倉勝静が二度目の寺社奉行に起用された時、出府を命ぜられて、その傍に仕えたのである。

方谷が江戸城に出仕した日、勝静はにっこり笑って、

「そちも、天下の大城には驚いたであろう」

と言った。すると方谷は、おもむろに、

「大きな船のようでございます」

と答えると、

「そのわけは」

と勝静が尋ねた。

「下は千尋の大波でございます」

と言った。

方谷の目には、天下の大城とは映らず、危うきこと甚だしいと映ったのである。

また安政の初年、方谷は一夕、諸友を自邸へ招いて、時勢を語りあい、

「徳川幕府も、長くは持つまい。その前兆は、歴々として露《あら》われている」

と言い、

「これを衣にたとえると、家康公が材料をそなえ、秀忠公が裁縫して、家光公が初服した。その後、歴代の将軍が着用した。吉宗公（八代将軍）のとき一たび洗濯し、松平楽翁公（吉宗の孫。老中首座松平定信）が再び洗濯した。しかし、その後は汚れが甚だしいので、新調しなければ用に立つまい」

と言った。

一人が、

「三たび洗濯したらどうか」

と問うと、

「素質はすでに破れ、もはや針線に堪えない」

と答えた。聞くもの一同、色を失ったという。

方谷の炯眼《けいがん》は、幕府の解体すること、近きにありと予感していたのである。

継之助は、この夜、方谷の屋敷に一泊し、翌日は城下の「花屋」に泊まった。

そこに、会津藩士土屋《つちや》鉄之助《てつのすけ》がいた。

同藩の学者秋月悌次郎《ていじろう》と一緒に、藩命により諸国を遊歴しているという。さすが大藩は優雅だと思った。

運命の出会い

三日ほどして秋月悌次郎がやってきた。

会津藩切っての学者である。これぞ運命の出会いだった。

秋月は文政七年（一八二四）、会津若松に生まれた。

家は貧しかったが、幼少から学を好み、十九歳のとき江戸にでて、幕府の学問所昌平黌に入り、寄宿舎の寮長を務めた。このとき、三十六歳だった。

二人はすぐに意気投合した。

戊辰戦争のとき、秋月は会津藩の副軍事奉行として新潟を担当、継之助に参戦を催促する。

これが継之助を決断させた。

秋月は、人の世話をとことん行う人情にとんだ人物だった。

司馬さんに『幕末維新のこと』という短い文章がある。

そこに桂小五郎と秋月のことが出ている。

意外な組み合わせである。そこに、こうあった。

千鳥

小五郎は女性にもてた。

江戸の斎藤弥九郎の道場で塾頭をしていたころ、隣家の旗本高津盛之助の娘千鳥と情を通じた。

千鳥は妊娠したが、小五郎は知らなかった。千鳥は分娩した男子を小弥太と名付けた。

千鳥は小五郎を探すために乳のみ子を背負いながら東海道を京へ上った。

京についたとき、京都は蛤御門の大戦争だった。千鳥は大混雑に巻き込まれた。そこに会津の巡視隊がやってきて、千鳥を蹴った。そのはずみで、千鳥は隊長にしがみつき、この隊長は、

「女乞食め」

と千鳥を斬り裂いた。

そこに公用方の秋月悌次郎がやってきて、千鳥を介抱した。その時、千鳥が、

「この子は長州の桂小五郎の子供です。桂を探してこの子を渡してもらえませんか」

と伝えたというのである。

明治九年（一八七六）、木戸孝允と改名した桂小五郎に会い、このことを知らせたが、小弥太は木戸の籍には入らず、秋月小弥太として、人生を終わったとあった。

会津では知られていない話だが、秋月とはそんな人物だった。

継之助は四国に渡り、金毘羅山《こんぴらさん》にお参りし、さらに広島、長府、博多、福岡をまわって佐賀に入り、十月五日に長崎に着いた。ここには二週間滞在したが、会津の秋月がここに来ていて、一緒にオランダ館を見学、長崎の波止場で幕府海軍の矢田堀景蔵に会った。

矢田堀は勝海舟や榎本武揚らと長崎海軍伝習所で、造船や運転、砲術などを学んだ幕府海軍の幹部である。

継之助はこのあと、島原半島に向かい、さらに熊本、小倉を回って再び松山に戻った。

松山で越年

方谷は継之助を自分の弟子以上に可愛がり、あらゆる薫陶《くんとう》をおしまなかった。

「河井君、君は言語明晰、単刀直入、すこぶるすばらしい。しかし人に接するには、天地万物を一体とする誠の心がなければならぬ」

と説き、

「学問にはおのれを修める学問と、人を修める学問がある。しかし、まずやらねばならぬのは、おのれを知る学問だ」

とも語った。

継之助は日々、師方谷の話を聞き、数々の蔵書を読んで越年した。

翌万延元（一八六〇）年三月、継之助は、『王文成公全集』を金四両で譲り受け、新たな思いを胸に秘め、江戸を目指して帰路についた。

別れの朝、方谷は、

「君の行状をみるに、志は経済に鋭く、法規や力で万事を解決したいように見えるぞ。何度もいうようだが、それではならぬ。情に通じ、運用の妙に達することが肝要じゃ。友を求めて足らざれば、天下に求む。天下に求めて足らざれば古人に求むべし」

と、はなむけの言葉を贈った。

継之助は『王文成公全集』を手拭いに包んで腰に下げ、愛用の瓢簞《ひょうたん》を肩に、舟で高梁川を渡った。方谷は門弟たちと対岸に立って、いつまでも見送っている。

継之助は泣いた。

なぜか、涙が止まらない。

継之助は笠をとり、道端に土下座《どげざ》して方谷を拝し、またしばらく行くと、まだ方谷の姿がある。継之助はまたひざまずいて拝み、これを何度も繰り返し、松山を去った。

継之助は江戸に帰る途中、義兄の梛野嘉兵衛に手紙を送っている。

近日の形勢は、ことのほか心痛にたえず、攘夷など愚蒙の至り。薩摩、長州の徒は私心をむき出しにし、極めて心外。

外国とも交際し、しかる上は政道ご一新、上下一統、富国強兵に勤めることが第一である。ただ長岡は小藩である。精々、藩政を修め実力を養い、大勢を予見して、大事を誤らないようにすることだ。
と、書いた。

西国の旅は継之助を大きく変えた。山田方谷に人生のなんたるかを教わり、長崎で西洋事情を肌で学んだ。会津人秋月悌次郎《あきづきていじろう》との出会いも大きい。新しい眼で世間を見ると、見方が違ってくる。

この年、幕府は日米修好通商条約の批准書を交換するため遣米使節を送っている。日本は確実に変わろうとしているのだ。にもかかわらず水戸浪士が開国派の大老井伊直弼を斬ったことなど愚の骨頂、世界に恥をさらしたと、継之助は思った。

方谷先生は、井伊大老もやり過ぎだと言ったが、それにしても、御三家の水戸が血迷っては論外である。

「忌《い》嫌《み》っている外人を真似て、風態、制度が一変することさえ、近い将来、あるかもしれないのだ。外国人にも仁義があるだろう。夷人などと呼んで蔑視していると、とんだことになる」

継之助は、そこまで考えるようになっていた。

西国の旅が継之助にもたらしたもの、それは計りしれないほど大きかった。

継之助の才

司馬さんは『峠』で、山田方谷が継之助をどう見たかを記している。

方谷が公用で江戸へ出てきたとき、継之助の義兄に当たる椰野嘉兵衛が方谷を柳橋の酒楼に招待した。その時、椰野は継之助から聞いた備中松山藩の改革政治について話題をだした。

するとと方谷は、

「さようなことを話したことはない」

と否定し、

「河井の才ですねえ」

と驚きの声を上げた。そしてのちにこう語ったという。

「どうも河井は豪《えら》すぎる。豪すぎるくせに、あのような越後のちっぽけな藩にうまれた。その豪すぎることが、河井にとり、また長岡藩にとり、はたして幸福な結果をよぶか、不幸をよぶか」

方谷の予言どおり、継之助は越後に風雲を巻き起こすことになる。

司馬さんは方谷の言葉をかりて、風雲児、継之助の才を語った。

上屋敷

松山から戻ると、江戸は初夏であった。

顔を出さねばならない所は、いくつもあるが、まずは藩が大事と西の丸下の長岡藩上屋敷に足を運んだ。

「お前はまだ生きておったのかや」

江戸家老の山本勘右衛門は、以前にもまして口が悪い。

「いずれ天下は大きく揺らぎますぞ、そのとき、泡をくわぬことでござる」

と言ってやると、

「わしの目の黒いうちは、なにも起こらぬ。お前のやることなど、何もないわ」

と、けんもほろろの扱いである。

牧野頼母の方は、

「さぞや、色々と見てまいったのであろうな」

と労をねぎらってくれたが、勘右衛門は手厳しい。

「継之助のことだ。女郎買いばかりしておったのであろう」

継之助はかっとなり、

「もはや、私に役目などないと考えて、よろしいのでござるな」

と勘右衛門を睨み付け、さっさと藩邸を出た。居場所を失った継之助は、久敬舎に戻るしかない。

「先生、どうされたのですか」

鈴木虎太郎が飛んで来た。

「ここはむさ苦しいが、勉強するには一番だ。お前も大人になったたな」

声をかけると喜び、以前にもまして離れない。

官費で勉学している花輪馨之進や三間市之進、鵜殿団次郎に会うのも気がすすまない。自然に足が吉原に向いてしまう。

吉原には面体を隠す編笠を貸す編笠茶屋もあるが、継之助は、そんなものをかぶったことはない。

なにも恥じることはない。いつも昼に堂々と大門をくぐる。

稲本楼

門をくぐると真っ直ぐな通りが広がり、両側にずらりと茶屋が並んでいる。茶屋で休んで妓を指名する習わしである。

『吉原細見』という冊子がある。遊女屋抱え遊女の源氏名、揚げ代金などが書いてあり、継之助も最初は、これをみて値段の手頃な妓を選んでいたが、どうも面白くない。

「けちは、つまらぬてや」

と、もっとも格式の高い稲本楼に初めて登ってみたときは驚いた。

遊女の気品といい、部屋の造りといい、調度品といい、度肝を抜かれた。ここで出会ったお稲は書画を嗜み、ぬけるような白い肢体をしていて、これまで呼んだ妓の比ではない。

以来、お稲を贔屓《ひいき》にしてきた。

同じ久敬舎の小松と争ったこともある。しかしお稲は継之助を選び、勝負がついた。

一流の花魁《おいらん》ともなれば、金を払えば買えるというものでもない。妓の気持ちがものをいう。

まさか忘れてはいまいが、お稲の気持ち次第である。あり金三両あまりを持ってきた。

茶屋の男衆が戻り、どうぞと言う。

「そうか、お稲に会えるかや」

継之助は男に祝儀を渡し、稲本楼の暖簾《のれん》をくぐった。

懐かしいお稲の部屋である。

「まあ、河井さまは、変わったお人ですねえ」

お稲はそういって、継之助をちらりとみた。

「手紙の一本もくださらず、突然、現れるのですからねえ。さぞや丸山あたりで、もてていたのでしょうねえ」

お稲はチクリ、チクリと継之助をさす。

「それで、今度は、江戸のご勤番ですか」

お稲が一人で喋る。

「あいかわらず、書生の身だよ。どうも俺には藩の仕事は向かぬようだ」

「まあ、どうなさったのですか」

「俺は脱藩したのだ。もはや長岡ではない」

「まあご冗談を、ふた言目には長岡、長岡とおっしゃっておられたではございませんか」

「長岡は捨てた」

「そういえば、河井さま、越後なまりが、ございませんねえ」

「忘れた」

「おほほほ、私は河井さまの、そのような所が好きでございます。まるで子供みたい。また画を描きましょうか」

「うむ、船がいいな」

「この前は鳥でしたのに、随分変わりましたねえ」

お稲は墨をすった。

「思い出したぞ。画を描いてるときに、火事になった。大騒ぎだった」

「おほほほ、河井さまは、大慌てで逃げられました。私を置いてきぼりにして」

「それは違うぞ」

「私の身の回りのものは、運んでくださったわね。でも、私は一人で逃げたわ」

「そうだったかな」

継之助も笑った。

お稲が描いた画は、蜜柑を積んだ千石船である。

「これまでは、船といえば、これだがな、いまは違うぞ。蒸気船だ」

「黒船でございますか、まあ、こわい」

「そばでみると、それは、たいした船だ」

お稲が目を丸くした。

「私など籠の鳥、黒船をみることなど、かないません。河井さま、一度、私を横浜に連れていってくださいな」

これまで見たことのない、真剣な表情である。

「おおう、おれは、商人になるつもりだ。金を儲けたら、お前を必ず身請けしてやる」

「まあ、お口がお上手ですこと。でも、たとえ嘘でも嬉しいわ」

お稲が継之助の手をとった。

かっとなって脱藩を口にしたが、半分は本気である。素直に喜ぶお稲を見ていると、お稲の内面に潜む寂しさが、ふと感じられ、愛しさがました。

お稲はどこで生まれ、どこで育ったかなど身の回りのことは、一切、話さない。

「そんなこと聞いて、どうなさるのですか」

いつも口を閉ざした。

「野暮《やぼ》なことは聞くまいでや」

継之助は二度と口にすることはやめたが、誰も好んで遊女になる女はいない。深い事情があるに違いない。

継之助は、お稲と添い寝しながら、横顔を見つめた。

この日、お稲は珍しく二度も継之助を求めた。紅い唇から漏れる吐息は、悲しさを堪えるような細い響きがあり、閉じた目からは一条の涙が頬を伝わって流れた。

いつだったか、継之助は腹をたて、お稲の部屋の見事な茶釜を二階から投げ落としたことがあった。

酒も入っていたのだが、お稲は驚いた様子もなく、番頭に片付けさせた。

たとえ遊女に身を落としていても、お稲には、なんともいえない気品があり、言葉使いも仕草も生まれつきの、おくゆかしさがあった。

「河井さま、今度は、どこに行かれるのですか」

お稲が継之助の胸に顔をうずめて言った。

「そうだなあ、お前のそばに、いたいので、横浜にするか」

「まああ」

お稲の目に涙があふれた。

第三章　武器商人スネル兄弟

外国人居留地

継之助はある日、忽然と姿を消した。

「河井さんは、どこにいかれましたか」

虎太郎があちこち聞き回ったが、誰も知らない。

その頃、継之助は横浜に姿を現した。

海を埋め立てて、長崎の出島のような外国人居留地が出来上がり、一部は開業を始めている。幕府は本格的な開国に踏み切り、横浜を窓口に開いたのである。

ここには、一攫千金《いっかくせんきん》の夢があった。

継之助は肩をいからせて歩いた。

昨年までわずか数十戸の漁村だった横浜に、なんと十万両を注ぎ込んで港を整備し、外国人居留地を造り、商店街や遊廓も新設しようというのだから、やたら鼻息が荒い。

波止場には運上所（税関）も立ち、草ぼうぼうだったあちこちに家や店も建ち並び、お寺は外国の役人や商人の当座の宿に変わっている。お寺に外国の旗が揚がっているので、すぐ分かる。

継之助には、ぴったりの土地柄である。遊廓も岩亀楼、五十鈴楼、富士見楼、玉川楼、伊勢楼と目白押しである。

洋妾の応募に大勢の女が押しかけているとかで、男よりも女の方が頭の切り替えが早いらしい。

「ハイケン、ハイケン」

たどたどしい日本語で、四、五人の水兵が近づいてきた。刀を見せろというのだ。長崎では外国人を睨み付けた継之助だが、ニッコリ笑い、

「オーケー」

と、なめらかな英語がでた。継之助は刀をすらりと抜いて、陽光にかざした。刀は武士の嗜みである。いつもそれなりの物を差している。

「オオ、スバラシイ」

水兵たちは継之助に握手を求めて立ち去った。奴等も同じ人間だ。継之助は笑みを浮かべた。

継之助の懐には、いくばくかの金があった。

江戸の義兄嘉兵衛から融通してもらっている。いずれ返すつもりだが、いまは、あてがない。
二、三日はホテルに泊まり、外国人の商館にもぐりこむ算段である。
攘夷のサムライが、いつ襲ってくるか分からないので、信用のおける侍がほしいと、彼等は願っているはずだ。

継之助の懐には、久敬舎の塾頭古河先生が手配してくれたイギリスの外交官ケスウィックへの紹介状がある。

「まあ、あわてることはないでや」

継之助は悠然と構えている。

当時、横浜には何軒かのホテルが開業していた。ホテルとは、響きのいい言葉である。もっ

とも古いのは横浜ホテルで、運上所に近い居留地の入り口にあった。竪瓦《たてがわら》、海鼠壁《なまこ》の平屋造りである。

継之助は部屋をとった。

幕府外国方の役人や外国の商人が多い。

レストランがあって、西洋の料理を出す。人間の生き血だなどと騒いだワインを飲んで、牛肉を食った。

継之助は器用にナイフとフォークを操った。長崎で一度、使っている。何事も経験が大事だ。

隣に外国人の男女がいた。

「ゴメンクダサイ」

男が流暢な日本語で声をかけてきた。

「運上所ノ方デスカ」

「いや、違います。旅の者でござる」

「オオウ、ソレハ失礼シマシタ」

男はいい、自分は外交官だといった。

外交官とは面白そうだ、と継之助は咄嗟に思い、なにか運のようなものを感じた。

「どちらのお役人でござるか」

「イギリスデス。ワカリマスカ」

「ほう、もしかして、ケスウィックさんでござるか」

男は大袈裟に手を広げ、

「河井サン、河井サンデスカ」

と叫び、

「コレハ、私ノ妻デス。オ待チシテオリマシタ。何故、私ノ所ニ、来マセンデシタカ」

と、いかにも水くさいといった表情をした。ケスウィックの妻は髪の赤い、背の高い女で、なかなかの美人である。

継之助は懐から久敬舎塾頭の古河先生が手配してくれた紹介状を取り出した。この者に英語と兵学を教授する人間を紹介してほしいという書状である。そこにケスウィックの名前があった。

翌朝、継之助は外国人居留地の一角に建つ、商館の前で立ち止まった。平屋建てではあるが白い木造のしゃれた洋館で、ジャーディン・マセソン商会と読めた。

アメリカのウォルシュ・ホール商会と並んで、横浜に最も早く進出した商社であり、そのしゃれた雰囲気が老舗の感じを出していた。

東洋に最も早く進出したのが、インドと中国の三角貿易を始めたイギリスである。イギリスはインドに綿製品を輸出し、インドは中国にアヘンを輸出し、中国はイギリスへ茶を出した。

マセソン商会は香港に東洋の拠点があり、商品取引だけではなく、造船、精糖、製糸、紡織など多彩な分野に進出している世界有数の商社である。二年ほどして二階建ての白亜の建物に変わるが、このときはまだ平屋であった。それにしても立派すぎて、逆に肩身が狭かった。

客分

それではと近所の小さな店を紹介してくれた。それが継之助と深い関係になるエドワード・スネルの店であった。

エドワードを通して兄のヘンリー・スネル、スイスの商人、ファーブル・ブラントとも知り合い、継之助の人脈は、さらに広がることになる。

ファーブル・ブラントが来日してからの話だが、横浜での継之助の逸話が残っている。

掛川藩士福島住弌《すみいち》の談話である。

掛川藩主太田資始《すけもと》は外国奉行で、横浜の警備を担当していた。福島は現場の指揮官で、外国人の商店に出入りしていた。

「当時、新しい思想を持った連中は、よくブラント商会に行ったものです。スイスの時計や兵器が多数輸入されていたからです。そこに黒の紋付きに木綿の兵児帯をしめた武士がおって、あるとき姓を名乗ると、長岡藩の河井といわれた。

事情があって藩からは潜んでいるが、ここの主人の好意で食客をしていると語った。ところがブラントはとんでもない、私を保護してくださる方だといった」

福島はこう語っている。

継之助の面目躍如たる姿が、彷彿《ほうふつ》と浮かんでくる。

継之助はどこに行っても、決してめげることはない。継之助ならではの逞しさで、たちまち頭角を現すのである。

ちなみに万延元年（一八六〇）春の横浜居留地借地人名簿には、イギリス人十八人、アメリカ人十一人、オランダ人五人、計三十四人の名前が記載されている。

万延元年というと、明治維新の八年前である。継之助三十四歳。すでに日本は諸外国に大きく扉を開いていた。

エドワードはオランダ国籍として入国していたが、その都度、国を変える人もいて、よく分からない人も多かった。ともあれエドワードは継之助を慕い、全幅の信頼をおいた。

彼はまだ年若く、香港から日本に来た。当時、日本は東洋の黄金の島として有名で、その黄金を求めて来日したのだという。

兄のヘンリーも近く日本に来るとのことで、兄弟で貿易を始めると語った。

継之助はエドワードの客分となった。サムライが一人いるだけで信用が違う。いうなれば用心棒のようなものである。

「わるくないでや」

継之助はしばらく、ぶらぶらしていたが、どうも体がなまって仕方がない。ただ飯は食わんぞ、と夜中に拍子木を叩いて、商館を回った。当時、こういう事をした人間はざらにはいない。

自由気まま

横浜は自由な雰囲気が漂い、継之助には天国だった。

エドワードに日本語を教え、いくばくかの金も稼ぎ、毎日、横浜のあちこちを見学し、新式の兵器に目を通すことができた。

継之助が強く関心を抱いたのは、兵器だった。外国人の商社には元込め式の小銃、拳銃、大砲などがずらりと並び、各藩の若者たちが垂涎《すいぜん》のまなざしで見入った。

外国人を赤鬼、青鬼のように思う日本人が多かったが、精巧な武器を見ると、日本人の異人観はひどく誤っていた。

日本人は視野が狭いなと継之助はつくづく思った。

「あいつは長岡にいない方がいい」

という重臣たちの継之助嫌いが、継之助にとっては、幸いだった。

司馬さんは作品『峠』のなかで継之助を「英雄児」といったが、継之助は英雄と言うか、稀代の大変人と言おうか、とてつもなく幅広く大きな人物だった。

継之助は波止場にも、毎日のように出かけた。波止場に立っていると、海の彼方に思いを馳せることができ、世界が見えて来るような思いに駆られた。

湾のなかには大きな幅の広い突堤が突き出ていて、そこに二十隻ほどのボートが、いつも繋がれていた。沖の本船からは客や貨物を運ぶボートが、ひっきりなしにやって来て突堤に横づけした。

港の正面には花崗岩を使った運上所があり、そこには幕府外国方の役人と通訳が常駐していた。

イギリス総領事オールコックは、

「日本人は魔法使いのようだ」

と、語ったが、変化に順応する能力は極めて高く、よくもまあ、ここまで変わったものだと、継之助も幕府に敬意を表した。

継之助は役人と気軽に話をしたが、貨幣の交換窓口の役人だけは、いつも真面目な表情で、日本の銀貨とドル貨を両替しており、決して、話の輪に加わることはなかった。

「日本人ハ、ミナ一生懸命デス」

エドワードは、いつも褒めた。それと対比する形で香港がいかにひどいかを語った。

「イギリス人ハ、チャイナヲ奴隷ノヨウニ扱ッテイマス。コレハ、ヨクナイ」

とエドワードは眉をひそめた。

攘夷派は視野の狭い連中だ。開国の流れはもはや止めることが出来ない、と継之助は思った。

しかし、この国は、そんなに簡単に転換できないことは、井伊大老の暗殺ではっきりしていた。

勢いづいた浪士が、この界隈にも出入りし、辻斬りを企んでいるとの噂がひんぱんに流れた。

「河井さん、どうも薩摩がよくない」

顔見知りになった運上所の役人が言った。

江戸で盛んに刀を振り回し、開国に圧力をかけているという。

「くれぐれもお気を付けて下さい。外国人と付き合っている日本人に危害を加えることが、十分に予測されますので」

役人たちは口をそろえて忠告した。

継之助は右往左往するお偉方にも失望を感じた。せっかく開港したのに、それを延期しようという動きさえ出ていた。

「井伊大老のほうが、よっぽど確かだったぜ」

継之助がずばり言うと、役人たちも当を得たりと、

「その通りでござるが、そのことは、あまり言えぬご時世」

と、小声になった。

幕府の弱腰

朝廷を巻き込んだ尊王攘夷をかわすために、幕府は孝明天皇の妹和宮を将軍家茂の夫人に迎えて、打開策を講じようとしたが、成功しなかった。

なぜ堂々と正面突破できないのか。

継之助はいら立ちを覚えた。

幕府のフラフラ腰のせいで、薩摩、長州、越前、水戸などの大藩があわよくば、この国を制しようと手ぐすね引いて狙っていた。

「河井サン、エンペラーとタイクーンデハ、ドチラガ偉イノカ」

エドワードが、素朴な疑問を継之助にぶつけた。エンペラーは帝であり、タイクーンは将軍である。

外国人には理解しにくい日本の政治である。

将軍は帝から政治を委任されているので、帝が上かも知れないが、日本の政治を担当してきたのは幕府である。

この二つが開国について、まったく見解が違い、開国の幕府が非難されている。

この国はどこに行くのか。

継之助は馬鹿馬鹿しさを感じた。

英国領事館

なんでも見たがる継之助である。

一度、浄瀧寺の英国領事館を見る機会があった。椅子、高脚机《テーブル》、寝台、料理器具、飲食器具すべて英国から持参したもので、本堂の前には大船の帆柱のような旗竿が立ち、そこに、へんぽんと英国の国旗があがっている。

料理の手伝いをしている十八の小僧がいて、月給が四両と聞いて、たまげはてた。

米が一升百文、日雇いの手間賃が一日百五十文、大工が三百文である。だから誰一人、文句をいう者はいない。イギリス様々なのだ。

「金持ちを相手に商売をすれば、貧乏侍など、やっておれぬかも知れぬ。ここは一つ、商人にでもなろうか」

継之助は真面目に考えた。

夜回りを始めて、ひと月ほどたった頃である。すれ違いざま、有無をいわせず継之助に斬り付けた男がいる。初めから警戒していたので、すんでのところで切っ先をかわし、

「なにものッ」

と大喝し、刀を抜いて身構えたところに、エドワードが飛び出してきて、拳銃を一発放つと、賊は脱兎《だっと》のごとく暗闇に消えた。

歩きながら人を斬ることは、至難の業である。薩摩はこの技に挑み、歩きながら刀を抜き、すれ違いざまに、歩いている人を斬り倒して、刀を納めて立ち去る独特の剣法、示現流《じげんりゅう》を編み出していた。

エドワードに懇願され、夜はあまり歩かないことにしたが、刀よりは拳銃のほうが身を守るには、確実のようであった。

継之助は、ほかの人には真似のできない横浜探検をして帰国の途に就いた。

三国峠

三国峠《みくにとうげ》は初秋であった。

日中の陽射しは強いが、朝夕は涼しい風が吹き、高原にはすすきの穂がゆれている。

道中、女たちの伊勢参りの一団に出会った。伊勢神宮と西国三十三カ所の札所を回り、帰国するところだという。

女だてらにといっては、叱られそうだが、逞しい女たちである。

たしか天保十年に渡里町の野本理兵衛や渡部伝八の女房たちが女ばかり六人連れで、京都本願寺の参詣を主にした八十五日間の旅をして、長岡中の話題を独り占めにした事があった。

継之助はまだ十三、四の頃で、おれも必ず出かけると、そのとき思ったものである。いまでは女の旅も珍しくはない。

「なんぼ、かかったでや」

継之助が聞くと、

「六両だでや」

と、一人が答えた。

継之助は自分が使った五十両の重みを改めて知り、親父を大事にせねばならぬ、と、しみじみ思ったりした。

越後の山塊が眼前に広がった。

雄大な山脈である。

犬鷲が悠々と飛翔《ひしょう》している。

「おれも飛ぶでや。皆の衆、戻ったぞう」

継之助は手を突き出して絶叫した。

良運と弾む会話

継之助の帰郷をもっとも喜んだのは、幼馴染みの良運であった。

「継さんのいない長岡は、火が消えたような寂しさだでや」

家族との団欒《だんらん》もそこそこに、継之助を一人占めにする良運であった。

良運は緒方洪庵《おがたこうあん》の適塾で学んだあと長崎でオランダ医学を学び、長岡に帰って来た。

長岡にはかつて長崎のドイツ人医師シーボルトに師事した小村英庵《こむらえいあん》がいたが、良運はそれ以来の西洋医である。

学問といえば儒学の長岡藩である。藩医として日々、多忙な良運だが、話し相手がいなく欲求不満が高じていた。

「洪庵先生の偉さは蘭方医にとどまらず、英、仏、独にも向けられていることだでや」

と、良運は言う。

「それは大事なことだで。横浜でエゲレスのマセソン商会を見たが、東洋に皆、支店を持っている。エゲレスもやることは、でっかいでや。うかうかしてると日本など取られてしまうで」

「継さん、そのことだ。日本はどうなるんだ。おれには政治は分からぬが、どうも様子がおかしいぞ」

良運は危惧する。

「適塾に村田蔵六《むらたぞうろく》という男がいて、幕府は鎧、兜を付けた化け物だと言い、倒すことなどたやすいと豪語していた。恐るべき連中が集まっているでや」

「どこの男だ」

「長州だ。頭は切れるぞ」

「そうか」

村田蔵六とは後の大村益次郎《ますじろう》である。継之助はうなずき、

「このままでは、駄目だ。長岡も変えることだな」

継之助は自分に言い聞かせるようにつぶやいた。

千曲川

継之助は時おり、千曲川を見つめながら悠久の歴史に思いをはせた。

越後の雄、上杉謙信は何度、ここを渡り、甲斐の武田信玄と戦ったことか。馬に乗り、左手に数珠、右手に軍配団扇を持ち、毘の軍旗を先頭に疾風雷電のごとく攻め込む謙信の勇姿が、目の前に浮かんだ。

謙信は夏、ここで戦い、冬は関東で戦った。越後の人々にとって、戦いは暮らしそのものであった。他国に攻め入って、財宝を奪い取り、兵糧を蓄え、ときには女や子供も奪った。自国の防備を固め、敵を入れることはなかった。その是非はともかく、おれの体には、かつての武将たちの血が流れている。

継之助はさまざまの事を脳裏に描いた。

継之助は村松忠治右衛門とも交際を深めた。

忠治右衛門は郡奉行を経て勘定頭を務める財政の第一人者である。

継之助より九歳ほど年長で、忠治右衛門は、いずれ継之助が長岡を担うと見込んでいた。西国の旅のとき、継之助の手紙を両親のもとに届けてくれて、五十両を送らせる手助けをしてくれた。

継之助は、ことあるごとに忠治右衛門に資金づくりを求めた。次の動きを見越してのことだが、忠治右衛門は、いつも黙って頷いた。

良運とは毎日のように会った。

会わずにはいられない焦燥感《しょうそうかん》があった。

森一馬や高井左藤太が加わることもあった。二人は以前、松前、江差から西海岸を北上し、宗谷から樺太に渡り、クシュンナイから北緯五十二度のホロコタンまで出かけたことがあった。

この時代、日本の知識人は競うようにして外国事情を学んでいた。

世のなかは日々、殺伐《さつばつ》となっていた。

尊王攘夷をうたう連中が外国人を目の敵《かたき》に抜刀して、襲う事件が頻繁に起こっていた。

アメリカ公使館の通訳、ヒュースケンが麻布の辺りで刺客に襲われ、イギリス公使館も襲われ、二人が殺された。薩摩の島津久光の一行が横浜近郊の生麦村で、行列に誤って入った横浜居留地の英国商人リチャードソンを斬殺する事件もあった。

外国人の安全確保は幕府の責任であり、諸外国は幕府の失態だとして外交問題に発展し、幕府は窮地に立った。

「いまに大異変が起こるな」

継之助は危惧《きぐ》した。

ある日、継之助は小千谷《おぢや》に近い信濃川の中州に腰を下ろし、釣糸をたれていた。

「先生、こんな所に魚がいるのかや」

このところ、もっぱら相手をさせられる大崎彦助が怪訝《けげん》そうに継之助の顔をのぞく。

「まあ見ておれ。今に大物が釣れるでや」

継之助はじっと浮子に見入る。しかし浮子は微動だにしない。陽が落ちかけたとき、川岸を数頭の馬が駆けた。

「なんだでや」

彦助が振り向いた。

「来たな」

と、継之助が立ち上がった。

日々、河原に出かけていたのには理由があった。江戸からの早馬を待っていたのである。

翌朝、家中に触れが回った。

第四章　公用人抜擢

京都所司代

継之助が睨んだ通り、早馬は主君忠恭《ただゆき》の京都所司代拝命を知らせる至急報であった。

おっとり刀で登城した藩士たちに、

「殿は都に上られることになった。これは容易ならざることだが、長岡は徳川家の恩に報いなければならぬ」

家老の稲垣平助が、唇を震わせて経過を述べた。

所司代の上には守護職がおかれ、会津藩主松平容保《かたもり》が就任するという。

となれば会津と長岡が手をたずさえて都を守るということを意味する。

勤まるはずはない。

その力は長岡にはない。

継之助は沈思黙考《ちんしもっこう》し、やおら立ち上がって問いただした。

「長岡にその力があるとお考えか」

すると稲垣は金魚のように口をパクパクさせ、

「殿がお受けになられた。三間が公用人として上洛いたす」

と語り、あとは沈黙した。

全国諸藩のなかから京都所司代に選ばれたことは名誉だが、温厚な三間が、その役をこなせるとは思わない。

会津藩との緊密な連携も不可欠である。国論が分裂し、事態は容易ならざる方向に走りだしている。外人に対する凶行も一層ひどくなっている。

「継さんしか、おらぬでや」

良運も義兄の嘉兵衛もそう信じたが、意外や意外、継之助は京都派遣の公用人から漏れ、温厚な三間が選ばれた。

公用人とは情報収集や幕府や他の藩との折衝に当たる外交官である。会津藩では京都に公用局を作り、ここに俊英を集め、行動していた。

継之助はまたしても当てがはずれた。

「俺を抜きにして何を考えているんだ。尻尾を巻いて逃げてくるのが落ちだぞ。世のなかをなめてやがる」

継之助は藩首脳の安易なやり方に激しく反発した。

継之助はこの一年、じっと天下の動きを見つめて来た。自分なら何かは出来る。そんな気が少しはあったが、まるで声がかからない。相手は強力な軍団を持つ薩摩や長州である。数百の長岡藩では手も足も出まい。そこをどう舵取りをするか。容易なことではないのだ。

「お手並み拝見だでや」

継之助は皮肉を込めて見送った。

主君上洛

主君忠恭が兵を率いて上京したのは文久二年（一八六二）九月である。少し遅れて十二月九日、会津藩が都に向かった。

藩主松平容保以下一千人の大軍団であった。

会津藩は東山山麓の金戒光明寺《こんかいこうみょうじ》に本陣を構え、墓地も求め都を死に場所と定め、本腰をすえて取り組む姿勢を都の人々に示した。

会津は幕府の名代である。その幕府が数年後に無惨にも崩壊するなど薩摩、長州とて思いもおよばぬことであった。

会津藩国家老の西郷頼母《たのも》が、

「混乱の都に上るのは、火中の栗を拾うに等しい」

と反対したというが、会津藩のなかでは、極めて少数意見であった。

都が極めて危険な状態にあったと流布されたのは、多分に明治以降の話である。この時は若干ゆらぎはしたが、幕府は依然、富士のように高く聳えていた。

都と越後の間には半月近い距離がある。

知らせが入ったときには、とうに手遅れになっていることがよくあった。そういう時代である。

印象希薄

都における長岡藩は印象の薄い存在だった。

公家たちは、

「牧野殿の兵は、いかほどか」

と聞き、

「百たらず」

というと、

「話の外だ」

と見下すような態度である。力のない所司代など眼中になく、相談に訪れる人もなく、在京の家老、山本勘右衛門はなんらなす術《すべ》もなく翻弄《ほんろう》されていた。

「所司代の任にあらず、天下に恥を晒《さら》す故、即刻お戻り下されたく候」

継之助は思い余って主君に辞任を求めた。それがせめてもの思いやりだと考えたのだ。しかし家老たちは、

「あの野郎余計なことを」

と怒り、継之助はますます孤立した。

継之助の遊び好きや反抗的態度もあずかっているが、越後の龍は依然目覚めぬままであった。

会津から皮肉

継之助の登用には会津藩の力があった。在京の長岡勢に会津藩から話し合いの要請があり、何事かと長岡から山本と三間ら数人が出た。会津からは家老の横山主税《ちから》と秋月悌次郎に加え、もう一人、同じ公用人の広沢富次郎《とみじろう》が出た。

会が始まると、秋月からやんわりと、しかし皮肉を込めて注文が出た。

「河井君は何をされておるのでござるか」

山本にとっては触れて欲しくない話である。

「国元で学問に励んでおり、いずれ都にも」

山本が言った。

「いま都には海千山千の男たちが集まっている。一筋縄ではいかぬ。こちらもそれなりの強者を揃えねばならぬ」

横山が継之助の出馬を求めた。

勘の鈍い勘右衛門でも、この会合の趣旨がなんであるか、分からぬはずはない。はめられたと思ったがもう遅い。

「河井君はなかなかの人物と聞き及んでいる」

横山が駄目を押し、いまこそ有為な人材を出さぬと長岡の名折れになると勘右衛門に迫った。

勘右衛門は返答に窮し、おし黙った。

会津藩は長岡にそれなりの人物がいないと、守護職と所司代の間に、粗相《そそう》を来たすと判断したのである。

秋月は当然、継之助が上京するものと、確信していただけに、内情を知って継之助を援護すべく、いささか越権行為ではあったが、会津藩の意向を伝えることにしたのである。

会津藩の圧力は強大だった。

世の中、捨てたものではない。

京都詰めは、友人や義兄が継之助の身を案じ、各方面に働きかけた結果でもあった。

京都詰めとなって数カ月後、今度は江戸詰めの命が継之助に下った。

幕府の外国事務を担当している主君忠恭が交遊関係の広い継之助に着目、公用人に抜擢したのである。

「よかった、よかった」

良運がわがことのように喜んだ。

「ただしおめしゃん、吉原には、余りいかぬようにな」

良運が忠告した。

「分かっている。年貢のおさめどきかなあ」

継之助が笑った。

三十八歳ともなれば、年に不足はない。

継之助の役職は物頭格、公用人兼務である。

公用人兼務がありがたかった。どこへでも行けるからである。

江戸は京都の混乱などどこ吹く風、相変わらずの賑わいだった。

誰も幕府が窮地に立っているなど夢想だにしていない。東と西ではこうも違うものかと、継之助はあきれた。

主君にこう頼られると、継之助も人が変わる。今回は吉原通いを止めて、もっぱら横浜に出かけた。兵制改革がいずれ急務になると踏んだからである。

横浜の発展は目を奪うばかりだった。

スネル商会も大きくなり、横浜では顔役である。

プロシャ国の軍艦に乗って、エドワードの兄ヘンリー・スネルも来日していた。

ヘンリーは髭をたくわえた偉丈夫で、身の丈は、ゆうに六尺はあろう。各地の戦場で戦ったこともあるとかで、見るからに頼りになりそうな男だった。

弟が世話になったということで、継之助には兄貴のように接し、継之助のためなら、船でも武器でも必要なものは、なんでも都合すると語った。

俺は商人になるんだ。刀など捨ててしまえ、と思ってはみたものの、この時代、下手な舵とりをすると、何もかも失ってしまう。

家老どもは気にいらぬが、主君を路頭に迷わせることもできない。そろそろ江戸にもどるか。

継之助は空を見上げた。そう思うと即、行動である。

「河井さん、いずれ、戦争が起こります」

兄のヘンリーが継之助に警告した。領事館に詰めているので情報が早い。こうした裏情報を聞くと、背筋が寒くなるような話がいくつもあった。

イギリスに幕府離れの動きがあり、薩摩、長州に注目しているというのだ。

幕府にはもはや統治能力がない。そこで幕府はフランスと関係を深めているが、ヨーロッパではイギリスの方がフランスよりも力が強い。

幕府は一歩も二歩も薩長より後れをとっている。

この対立の行き着く所は戦争かもしれない。

ここは長岡藩が一日も早く富国強兵策を取り、いざというときに備えねばならない。

そのためには老中を辞任し、経費の無駄をはぶき、国を富ますことこそ肝要だ。

継之助はことあるごとに主君に献言した。

「殿は幕閣である。江戸を離れていかが致す。またしても余計なことじゃ」

家老たちはその都度、否定した。

「目を覚まさせてやるか」

継之助は、まったく訳のわからぬ者どもだと、さっさと辞表を書いて藩邸を飛び出した。

今度は用意周到《よういしゅうとう》、周りを固め、江戸在勤の同志、花輪馨之進、三間市之進、植田十兵衛も継之助に従い、辞職願いを出した。

「あの男はどうにもならぬでや。今度は皆を焚き付けおった」

家老たちは激怒した。

長岡の将来を担う若手が徒党を組んで公然と反旗を翻したのである。

切腹を求める声すら出たが、

「好きなように、させてやれ」

このときも主君忠恭が継之助をかばった。

横浜に潜り込んだ継之助は、兵器の調達を画策し、国元を固めるため三人を連れて、さっさと帰国した。信濃川が大洪水を起こし、大きな被害を出したことも気になっていたのだ。

「また喧嘩したでや」

継之助が言うと、

「もう暫くの辛抱だて、いずれ人にはお迎えが来る」

と、良運が言った。家老たちは間もなくあの世へ逝くという意味だ。

その言い方が面白く、継之助は腹を抱えて笑ったが、いま自分は三十八歳である。長くは待てぬ。継之助の内心は苛立っていた。

都の情勢

都の情勢は目まぐるしく変わっていた。

京都に攻め上った長州軍を会津・薩摩連合軍が撃退し、会津は孝明天皇からゆるぎない信頼を得ていた。しかし気になることがあった。秋月悌次郎の左遷《させん》である。

なんと蝦夷地に飛ばされたという。会津藩は門閥意識が強く、軽輩の秋月をねたむ輩が多く、こうなったという噂だった。

「馬鹿な、会津藩ともあろうものが」

継之助は会津藩の狭い了見に失望した。

長岡藩の財政は、嘉永二年時で約二十三万両もの借金を抱えており、以来、その返済に追われ、富国強兵など夢のまた夢の有様だった。

早急に家老たちに退陣してもらい、人事を刷新し、すべてを洗い直すことが急務と継之助は考えた。

継之助は仲間を集めて上層部の批判をはじめた。

武士の身分にあぐらをかき、何も感じず、一日千秋のごとく無為に過ごしている連中の追放である。

継之助は皆の前で家老など首だと激しくののしった。

「いまことを荒立てると、敵が多くなるので、自粛致せや」

義兄の梛野嘉兵衛が諌めると、

「おれも四十になるでや。もはや待てぬ」

と、継之助が譲らない。今回は鵜殿団次郎も継之助を支援した。

鵜殿は洋学を学んで才を認められ、幕府の蕃所調所教授になったが、周囲と折り合いが悪く、帰郷して塾を開いていた。かくて継之助の藩政批判は厚みをました。

「おみしゃんら、ぼんやりしていては国を失うぞ。長州は油断がならぬでや」

継之助は声を大にして、改革を訴えた。

慶応二年（一八六六）、薩摩が会津から離れ、幕府・会津対薩摩・長州の争いという構図が段々、明らかになり、外交筋も英国は薩長、仏国は幕府寄りとなった。日本はどうなるのか、まったく不透明だというのに、継之助は依然として動きがとれない。

継之助の焦燥は極限に達していた。

長州征伐

この年の夏は異常に暑く、何か起こらねば良いがと人々は不安げな様子で汗を拭った。

一つは幕府の第二次長州征伐である。遠い西国の話と思っていたら、とんでもない。長岡藩も出金と出兵を求められ、豪農や豪商には御用金が割り当てられた。長岡藩の出金は火急の入用として四千八百両、さらに年末までに三万七千五百五十両の大金である。いずれ兵も出せという。おかげで城中はひっくり返るような騒ぎであった。

豪農、豪商への上納金は一口二百両以上という高額である。

今回の御用金は百四十八口の割り当てがあり、そのうち越後が二十五口を占めた。越後は豪農が多い。それにしても大変な負担である。

長岡藩はじまって以来の大騒ぎだというのに、継之助にはなんの役もなく、空しく騒ぎを見つめているしかない。

継之助は全身に怒りがこみ上げ、地団太踏んで悔しがったが、いかんともしがたく、そんなとき、慰めてくれるのは、良運であり、おこうだった。

「山本どのが隠居されるぞ」

初秋のある日、義兄の梛野嘉兵衛が息せききって飛んで来た。

「聞いたぞや」

良運も駆け付けた。

「継さ、長かったなあ。やっと道が開けたなあ」

良運が我がことのように喜ぶ姿に、継之助はおもわず涙が出た。天敵ともいうべき家老山本勘右衛門が引退するのだ。

苦節十年、継之助に光が見えた。


一年前の慶応元年十月、継之助は郡奉行に抜擢された。

おりしも領内の刈羽郡の山中、高屋、橡ケ原、萩の島、漆島、門出の六ケ村の農民と庄屋の今井徳兵衛との間で紛争が起こっていた。

これを解決できるのが継之助以外にいないという藩主の判断だった。

年貢拒否

問題は深刻だった。

徳兵衛の圧制に反発した農民たちが、年貢の拒否にでたのである。

事態収拾を誤ると、百姓一揆に発展しかねず、ここはどうしても穏便に運ばねばならなかった。誰が紛争の処理に当たるか、問題はそこにあった。

継之助を無視し続けた勘右衛門が隠居したいま、継之助を取り巻く状況は変わった。将軍家茂が大坂で長州征伐の準備に入り、長岡勢の出兵も必至とあって、

「ここは継之助しかおらぬ」

主君が言いだしかねているのを見て、筆頭家老の稲垣平助が雅量のある所を示し、継之助は外様吟味役に復職し、郡奉行に抜擢されたのであった。

農村の紛争の根は深く、実態は厳しいものがあった。それだけに多分にお手並み拝見という稲垣の意地悪い人事でもあった。

第五章　大昇進した継之助の大胆改革

大庄屋追放

長岡藩の石高は七万四千石である。

寛永十一年（一六三四）に一万石を与板《よいた》藩に、六千石を三根山《みねやま》藩に分与したが、新田開発で生産を高め、実高は十二万余石を数えた。

農村の支配は当初、上組、下組、与板組、栃尾組、蒲原組の五区に分けられ、それぞれに代官所が置かれ、郡奉行が統括したが、時代によって組が変わり、継之助の頃は上、川西、北、栃尾、河根川、巻、曽根、刈羽の八組になっていた。

代官の下にいるのが大庄屋で、その職務は村役人を集めて年貢や諸役の納入、宗門改め、諸普請や悪水の検分、争いごとの吟味など多岐にわたり、特権として名字帯刀を許された。

江戸時代は米の経済である。

年貢をいかに取り立てるかが、藩の死活問題であった。その意味では、代官と大庄屋は持ちつ持たれつの関係にあった。

一方、組頭、五人組など村役人にとって様々な権限を持つ大庄屋は怖い存在であり、まして一般の農民にとっては、親方さまであった。

村の紛争は代官や大庄屋の方に非がある場合が多い。案の定、地主の村山藤右衛門と手を組み賄賂を取る代わりに、高い小作料に目をつぶっている事が分かった。

税の取り立ても高圧的で、すこぶる評判が悪い。

加えて徳兵衛を追い落として後釜を狙う隣の山野田村の庄屋伊惣次が裏で糸を引いている。

混乱に乗じて自分が大庄屋になる気らしい。

あれやこれや、複雑に入り組んでいる紛争の実態を解明し、正当な裁きをすることが急務だが、裁きとなると、従来は厳しく罰せられるのは農民の方である。それでは百姓一揆に広がることも予測される。

「ぐずぐず放っておくのがよくねえ。悪いのは徳兵衛だ」

継之助は関係者を呼んで訟廷を開き、大庄屋徳兵衛と伊惣次は庄屋役取り上げの上、蟄居を命じ、徳兵衛排斥運動の首謀者は戸締十日間のお叱りにとどめる異例の和解案を示した。

ただし徳兵衛、伊惣次を一方的に非とするのではなく、跡目はそれぞれの倅とする温情も忘れなかった。継之助らしい迅速で、思い切った処分である。

さすがはあの男じゃ、と筆頭家老の稲垣は喜んだ。

しかし世のなか、決して甘くはない。

これ見よがしの和解案など人を心底、納得させるものでないことを、継之助はいやというほど味わうことになる。

今度は村が二つに分かれ、大庄屋派の農民が反対派に追われ、三人が山中で縊死《いし》をはかる事件に発展した。幸い二人は助かったが、容易ならざる事態である。

取り調べに出向いた足軽頭の田部武八は、抜き身の刀を手にした村人に取り囲まれ、身動きつかず、追い返される始末である。

継之助の温情が裏目に出たのだ。

「あの青二才めが、こんなことにならねばと案じておったら、やっぱりじゃ」

藩内から継之助批判が噴出した。兵を差し向けよ、の声も出た。

「これは俺の仕事だでや、手出しは許さねえ」

継之助は拒絶し単身、現地に乗り込み、とことん話し合うことにした。

足軽を二十人ほど連れて行ってはと、部下たちは言ったが、

「ばか野郎、俺一人でたくさんだ」

と一度は断わったが、それでは郡奉行の威信にかかわると煩《うるさ》く言うので、仕方なく彦助を槍持ちとして、連れて行くことにした。

村までは長岡から九里である。

単身で乗り込む

陣笠をかぶり、粗末な綿に黒の紋付きを羽織った継之助に、特段の気負いはない。継之助は途中で馬を降り、初冬の径をすたすたと歩いた。

「先生、相手は刀振り回してるとか。なんで俺一人なんだでや」

槍を担いだ彦助がぶつぶつ言う。

「ばか者ッ、先生などと気安く言うなッ。仕事のときはお奉行さまだ。分かったな」

彦助をどやしながら、継之助は大庄屋今井徳兵衛の家を目指す。

ごたごたが続く山中村は、高百五十四石、二百二十三戸の寒村である。周りは山で、あまり

米は取れず、粗末な家ばかりである。鼻をたらした子供たちが、槍を持った見慣れぬ男に驚いて、家のなかに逃げ込んだ。

「百姓の暮らしも容易ではないでや」

継之助がつぶやいた。

百姓たちのいい分は、以前にもまして地主の小作料が高く、年貢が払えないというのである。

継之助の和解などなんの役にもたたねえという。

そうではねえ、というのが、徳兵衛派で、そのうち三人が裏切り者扱いにされ、首吊り自殺に追いこまれたのである。

徳兵衛の家は見晴らしのいい高台にあった。継之助が村に入ったことは、とうに知れ渡っていた。ぞろぞろと百姓たちが付いて来る。鋭い視線を感じる。彦助は緊張で顔を強らせている。

「なにを震えているんだや。胸をはれや」

継之助が怒鳴った。

徳兵衛親子は亀のように、はいつくばって待っていた。

「徳兵衛、久し振りだでや」

継之助は気軽に上がり込んだ。

徳兵衛の家は親父の広右衛門が後妻をもらい、後妻との間に一男三女がいるので、家族が多く、いつも身内でごたごた騒ぎを起こしている。

「徳兵衛、堅苦しい挨拶は嫌えだ。このような騒ぎを起こして、ただでは済まぬぞ。なんで百姓どもを味方にできねえのだ」

継之助は開口一番、どやしつけ、

「奴等も悪いが、百姓は国のもとだでや」

継之助が叱責すると、伊惣次が悪い、百姓が強情だと脂汗を流して、しきりに弁明する。

継之助は目をつり上げ、

「人のせいにするなッ」

と有無をいわさず徳兵衛を押さえこんだ。

こういう時の継之助は断固、自分の意思を貫く。夜になると、村人たちが徳兵衛の家を取り巻き、不穏な様子である。

「提灯をかせや」

継之助は、おもむろに外に出るや、

「庄屋に平素、広い屋敷を持たせておくのは、このような時のためじゃで。それも弁えずして、つべこべ言うのはもってのほかだ」

とにらみつけた。

彦助はいざとなれば、ひと突きに致さんと槍を構えた。

「彦助、槍を納めろや。いいかおみしゃん達、この継之助はたとえここに寝ようとも、道ならぬことに道理を曲げるような男ではないわ。明日、おみしゃん達を呼び出して、なにぶんの裁断を下すから待っておれッ」

と威勢のいい啖呵を切り、

「ぐずぐずせずに、早く帰りやいッ」

と一喝すると、皆、その剣幕に押され、ぞろぞろと引き揚げはじめた。

継之助は雨戸を外して、部屋のあちこちに灯火を点し、外から見えるようにして真ん中の部屋で彦助を相手に酒を飲み、夜遅くまで談笑した。

ひそかに見に来た村人たちは、継之助の器量にのまれ、一人、二人と姿を消した。

怒り爆発

翌朝、村人たちは徳兵衛の家に詰めかけた。相手は継之助と彦助の二人である。

昨夜、どやされて引き揚げたが、今日は帰らねえと肩を怒らせ、懐に匕首《あいくち》を忍ばせているものもいる。

継之助は暫く待たせておき、皆がそろったところで足早に部屋の上段に座り、刀をどんと立て、一息入れて一同を見回した。

「藤八ッ、その方、不届き者なりッ」

継之助の声が凜然と響き、

「仁七、九兵衛っ、前に出て参れッ」

今度は割れるような声である。

村人たちは、一瞬、虚を突かれた。

「何をしておるかッ。常右衛門、お前もだッ。お前ら四人は刀を振り回し、その罪状、許しがたい」

四人が青ざめた顔で前に出ると、

「常右衛門っ、その方の顔付きは、はなはだ残忍に見えるぞッ」

と面罵《めんば》した。

若い頃から鍛えた得意の弁舌である。眼ん玉を光らせ、鋭く切り込んだ。

九兵衛が抗弁しようとすると、

「その方は利口者のように見えるが、とんだ大馬鹿もんだ」

と有無をいわせずぴしゃりと叩く。

下手なことを言うと、何をどやされるか分からない、とばかり座は完全に継之助のものである。

首謀者の振る舞いを、ことごとく調べあげ、抗弁の余地を与えない策が、あざやかに決まった。

彦助もしてやったりと、前方をにらみ、

「お前ら、神妙にお奉行さまの言うことを聞くんだっ」

とすごんだ。彦助にしては上出来である。

継之助はおもむろに口を開いた。

「一揆となれば、御法によって厳罰を受けることになる。見渡した所、お前らはいずれも一家の主人で、妻も子もおろう。死罪となれば、あとに残りし妻子は誰を頼りに、世を渡るのだ。ここは、すべからく、わしの言うことを聞くべし」

と諭すと、寂として声がない。

徳兵衛が、

「申し訳ねえことで。おわびのしようもございません」

と肥満した体をゆすって涙を流し、九兵衛も声をあげて泣いた。

これを見て継之助は懐から書き付けを取り出し、読み上げ、庄屋と村民の代表に署名させた。

「一同、本心に立ち返り、何様のご指図ご座候とも決して違背仕らず、先の庄屋徳兵衛、当庄屋大五郎は申すまでもなく、百姓一同も当人は申すまでもなく、子々孫々に至るまで庄屋を敬礼し、一同和熟仕るべく候」

「これで決着である。お奉行さまが皆のために一席設けることになっておる。しばらく待たれよ」

ほどなく和解の酒宴がはじまった。

「今日はわしが振る舞ってやるのだから、お前らには迷惑はかけぬ」

継之助はばっと祝儀を取り出し、徳兵衛と村人たちに手渡した。

賄賂の禁止

以後、継之助の大活躍がはじまる。

山中騒動を解決した継之助は、領内の庄屋と代官を奉行所に集めた。継之助の辣腕が知れ渡っており、何を言いだすか、皆が固唾《かたず》を飲んで見つめた。

「おみしゃんら、日夜、領民のため心恩を尽くされ、深く感謝致す」

びしっとくるかと思いきや、温かみのある話にほろりである。続いて待遇について忌憚《きたん》のない意見を求め、その後、贈答品の廃止を打ちだした。

郡奉行就任のお祝いも皆、突き返した。

一度、言いだして身を律し、相手にもそれを求め、とかくの噂のある役人は罷免した。

「堅すぎて恨みを買わねばよいがなあ」

彦助ら取り巻きも心配するほどである。

慶応二年新春を期して、村の巡回もはじめた。越後はあいも変わらず深い雪に閉ざされているが、都の情勢は風雲急を告げ、長岡勢の長州出征も避けられない様子である。数万両の軍資金が必要になろう。

「正月ぐらい家にいればいいのに」

母親が言い、妻もうらめしい顔をしたが、正月だからこそ必ず相手に会える。

継之助は蓑、笠を着けて飛び歩いた。

彦助と寅太を奉行所詰めに抜擢、二人は堂々と継之助について歩いた。

「検見《けみ》も止めるでや」

継之助が言うと二人は、「えっ」と驚いた。

検見は凶作の時、代官以下の役人が村々を回り、年貢を減免する制度である。

「これが腐敗の根源だで」

継之助ははっきり言った。

また水腐地《みずぐされち》の廃止も決めた。信濃川の周辺には方々に潟があった。洪水で水溜まりになったもので、五年間、免税の特典があった。しかし、これもあいまいな所があり、水が完全に引いても代官に賄賂をつかませると無税になったりした。

役人も大鉈を振るい、減らした。さらに、

「長岡だけで物を考えては駄目だでや」

と、越後諸藩との連携を説いた。広域開発である。

一つは信濃《しなの》川《がわ》の河川改修だった。毎年のように洪水を繰り返していては、百姓の暮らしは楽にならない。

この問題は藩境を越えた共通の課題だった。

継之助は勘定頭村松忠治右衛門と村松藩、新発田藩、村上藩など各藩に足を運び相談した。

これには、別な側面もあった。

都の情勢は猫の目のように変わっている。

どう転ぶかわからない激動の世である。もはや一藩で生きられぬ時代になっている。

せめて越後だけでも一つにまとまらなければ、やがて吹き寄せるであろう嵐に飛ばされてしまうだろう。越後をまとめ、会津、さらには米沢とも手を結び、薩長同盟に対抗しなければならない。

継之助の考えは、先を見据えた革新的なものだった。

大昇進

この業績で継之助は御番頭格、町奉行兼郡奉行に昇進した。

「ひゃあ」

継之助の昇進は各界各層に、大きな波紋となって広がった。

これまで世襲に甘んじ、十年一日のごとく顎《あご》で町民を支配してきた町役人たちは、継之助に危惧を抱いた。何をするかわからない、といった不安感である。

継之助は町奉行を受けるに当たり、主君忠恭から、

「思うようにやって良い」

というお墨付きを得ており、怖いものはない。さしもの温厚な忠恭も重臣たちの保守主義には、危機感を抱いた。

継之助は就任早々、草間、宮内、太刀川《たちかわ》の三人の検断を呼び出した。

検断とは商品売買の心得、旅人の扱い、借家や店子《たなご》の管理、木戸の開閉時間、喧嘩口論や賭博なども監視し、奉行所に届けるなど幅広い権限を持つ町政の実力者である。

「お前らは検断をいいことに威張りくさり、しかも贅沢三昧《ぜいたくざんまい》、不謹慎きわまりないぞ。ネタは上がっているんだ。この際、譴責蟄居《けんせきちっきょ》を命ずる。自業自得《じごうじとく》だぞ」

と三人に厳しい処分を下した。

「それは無茶でございます」

三人が抗弁すると、

「おみしゃん達のご乱行はすべからく調べがついてるんだ。太刀川の旦那、唐津屋のちいから聞いたでや」

継之助が啖呵《たんか》を切ると、太刀川は真っ青になって震えた。ちいは唐津屋の芸者で、太刀川の女である。ほかに煙草屋の芸者にも手を出し、怒ったちいが自分の髷をぶっつり切って太刀川に投げつけ、とんだ艶聞《えんぶん》になっていた。

継之助にとっては、たいした話ではないが、狙いは検断の世襲制の廃止である。そこで有無をいわせぬ荒療治にでたのである。怖いものなしの継之助ならではの、やり方である。

たちまち城下の話題になった。日頃、検断の横暴に泣いてきた人も多い。継之助の名は一気に高まった。

快刀乱麻

その五日後には無頼者の米蔵を追放処分にした。不正なことでしこたま儲け、分不相応の贅沢をしているというのが、理由であった。

またも町中に戦慄《せんりつ》が走ったが、当面、それ以上、個人を摘発する気はない。いうなれば、見せしめである。しかし、手を抜くといつの間にか悪がはびこる。

継之助は従来の牢獄のほかに寄せ場と称する懲役場を新設した。

博打、喧嘩、酩酊《めいてい》、親子虐待、そういった犯罪者を収容し、全員、髪を三分刈りにし、鬢《びん》を剃り落とし、柿色の牢服を着せ、労役を課した。

バサバサと切りまくる継之助は、いまや正義の味方である。悪をくじく名町奉行の誕生に、領民から喝采が沸いた。

賭博《とばく》も禁止とした。

賭博を渡世にしている親分衆には解散を命じ、賽《さい》の目、骨牌《カルタ》など賭博道具を没収した。目明かしは大忙しである。手当ても増やし、米二十五俵を加算した。

「人は、金もはずまぬと働かぬ」

継之助は必要な経費は惜しまなかった。

継之助の自宅は千客万来である。普通はここで大盤振る舞いとなるのだが、食事を振る舞う場合も豆腐のから汁と大根の煮付け以外は出さない。

自分は質素倹約だった。

規制緩和

継之助は本命の経済政策にも大胆なメスを入れた。

手はじめは船乗り、肴屋、湯屋、髪結い、鬢付け油、青物問屋の六業種である。これらの職業は株を取得しない限り、新規開業は出来ない特権があった。それをばっさり廃止することにした。いうなれば、規制緩和である。

この六業種を自由化するだけで、何千両かの税収の伸びが期待できた。

川税にも手を付けた。

信濃川の水運は藩が一手に独占し、十九軒の船問屋に営業を認め、年間約一千両の税収を得ていた。しかし、これも独占である。

「自由に商売させてはどうだ」

継之助は忠治右衛門に、誰でも船運に参加できるように法の改正を依頼した。

十九軒の船問屋、船頭、人夫たちは大反対で、藩論も割れたが、自由にやらせれば、商売は活発になり、町も発展するぞ、と押し切った。

すべて旧来のやり方を根本から変える大変革を次々に打ちだしていった。

鵜殿、小林、花輪、三間らからも忌憚のない意見を求めた。新しい顔もあった。家老見習いの山本帯刀《たてわき》である。

礼儀作法も心得、養父勘右衛門と違って継之助を滅法尊敬し、なにかといっては尋ねて来る。年は二十二歳。帯刀が歩くと若い娘は顔を赤らめてうつむく。そんな帯刀を継之助も大いに目をかけた。

兵制改革

長州藩は奇兵隊を創設、幕府の軍隊を蹴散らしたというのに、長岡藩兵は依然、旧式の軍隊である。刀と槍の軍隊では薩長の軍勢にかなうはずもない。

これは想像以上に困難だった。

隊長が見当たらないのだ。

小隊が広場を足並みそろえて行進を始めたのはいいが、行き止まりに来ても隊長は無言のままである。

「隊長、いかが致すのでござりますかあ」

と隊員が大声で催促すると、隊長は、

「先刻、みな申した」

と言ったが、何も聞いていないと言い出す者もいて、見物に集まった子弟たちは、ゲラゲラ笑い転げ、まるで訓練にならない。

「お奉行、洋式の軍学校を設け、鍛えなおさねば、どうにもなりません」

と山本帯刀が言う。

のちに山本は長岡藩の大隊長として継之助を助け、常に先鋒として戦うが、帯刀を有名にしたのは、会津城下での戦いである。

長岡が落ちたあと主君が滞在する会津若松に向かい、城下の戦いで敵の宇都宮兵、館林兵に包囲され、ほぼ全滅する悲劇にあうことになる。

霧のなか味方と敵の識別を誤り、捕らわれ、日光口の薩長新政府軍本営に引き渡された。

帯刀は、あくまでも降伏を拒み、従者の豹吉とともに斬首される。

斬られる前夜、二人は手を縛られたまま放置されたが、豹吉が一睡もせず主人の帯刀を見守り、毛布を引き寄せたという逸話が残っている。

中之島操練所

継之助は中之島に新たに洋式の兵学所の設立も進め、自ら総司令官となり、十四歳から六十五歳までの全藩士に訓練を施した。

軍制改革の根幹となる武器弾薬の購入も焦眉の急である。

横浜のスネル兄弟に手を打ってあるが、問題は金策だ。しかし使うのは名人だが、作ることは不得手である。ここは勘定頭の忠治右衛門に頼るしかない。

苦悩する継之助を見て、

「金の事は任せてくだされ」

と忠治右衛門が言った。

「領内に思い切った御用金を課す。これが第一である。次に書画、骨董、什器、めぼしいものはこの際、すべて売却し、合わせて十万両ほどは見込める」

忠治右衛門は算盤をはじいた。

「しかし領民に反発は出ぬものか」

継之助は心配する。

「さよう、そこで、家中の者全員に減給をお願いし、侍も身銭を切って軍制改革に当たるという意気込みを示してもらう」

と忠治右衛門は言う。

「なるほど」

継之助の腹は固まった。

「山本君、まずはおみしゃんに、賛成してもらわねばならぬぞ」

継之助は最初に山本帯刀を説いた。

帯刀は二つ返事で承諾した。

養父の勘右衛門は顔をひきつらせて怒るだろうが、もうそんな時代ではない。若い帯刀ならではの決断であり、これで乗り切れると継之助は判断した。

大騒動

この改革案を全家中に提示すると、上を下への大騒ぎとなった。

「継之助め、またも余計なことをしてくれたわ」

主席家老の稲垣平助は、ぷいと横を向いたまま一言も口をきかない。

無理もない。

減俸案は二千石の者は四分の一の五百石、千三百石から千百石の者は四百石にという大胆なもので、家老級がもっとも大きく減俸されるものだった。

稲垣は最高の二千石である。それが中の上の家禄に転落するのだ。

七百石は三百石、六百石は二百石に下がり上級武士の権威は失墜した。それは改革どころではない。革命であった。

「継さん、大変なことをやったなあ。斬ると騒いでる連中もいるようだぞ。気い付けろや」

良運が飛んで来た。

「なあに、下々の連中は大喜びだ」

継之助は高笑いしたが、目は笑ってはいなかった。

彦助と寅太は、それだけでは長州の奇兵隊の足もとにも及ばない、と農町民を入れた新しい兵の編制を主張し、継之助に嚙み付いていた。

「もっともな話だでや」

継之助は農町民も軍のなかに加えた。

京都守護職の会津藩と所司代の桑名藩が越後に預かり地を持っており、幕府も新潟奉行所の支配地約二千石をはじめ川浦代官所、出雲崎《いずもざき》代官所、水原《すいばら》代官所と合わせて約十八万九千石の支配地があり、会津、桑名、幕府、三者三様の形で、兵賦の取り立てが始まっていた。

会津藩は魚沼郡で農兵の取り立てを進め、桑名藩は柏崎領内の郷士格の者に剣術や鉄砲の稽古を公認した。

遊郭廃止

継之助の遊郭通いは、相変わらず続いている。

馴染みのおこうを相手に炬燵《こたつ》に入って、酒を飲む時が、たまらなく心が和む。

雪降る夜、おこうの喉が冴える。

「廓にはねえ、藁にもぐって、寒さを忍んで来た娘が多くてねえ。雪を見ると、切なくなるんだよ。父親は貧乏に愛想を尽かして、行方知れず、母親はしかたなく飯盛女、気の毒だねえ。そこでここに売られ、身を投げた子もいたねえ」

おこうが目頭を押さえ、

「おまえさん、御免なさいねえ、祝いの席だというのに、泣いたりして、賑やかに唄うわ」

と三味《しゃみ》を抱え「はねおけさ」をかき鳴らした。

「おこう、おみしゃんも飲めや」

継之助が言った。

「嬉しいわ、おまえさん、いっしょけんめい仕事ばかりすると、体に毒だよ、わたし心配だわ、それにしても、今夜は降るねえ」

おこうが、ぶるぶるっと体を震わせ、酒を注いだ。

「おこう、お前にちと相談があるでや」

継之助が真顔になった。

「あれー、おまえさん、嫌だねえ。そんな他人行儀な顔をして」

おこうは、まじまじと継之助を見つめた。

「実はな、廓を廃止するつもりだ」

「ええっ」

おこうは呆気に取られ、口をぽかんと開けたままである。

「本気だぞ」

継之助は念を押した。

「俺はなあ、前から考えておったのだ。お前らは誰一人好んで廓に来たわけではあるまいで。親を恨み、この世を呪ったに違いあるまい。お前も知ってのとおり、俺も随分遊んだ。吉原にも通った。馴染みの女もいた。それだけに分かるんだ」

継之助がそう言って手を取ると、おこうは身をよじって泣き崩れた。

継之助がおこうを身請けしたのは、それから間もなくのことである。風の便りに聞くと、吉原のお稲は廓で身も心も蝕まれ、余命いくばくもないという。

「これはなあ、吉原のお稲がよこしたものだ」

継之助がかんざしを懐から出した。お稲のことはとうに話してある。

「まあ、おまえさん、いいのかえ」

おこうが、かんざしを握り締め、また泣いた。

廓廃止には猛然と反対の声があがった。これも前代未聞《ぜんだいみもん》のことである。藩士も好き者が多い。

「自分はさんざん通っておいて、廃止とは分からん話だや」

ひどく評判が悪かった。

「馬鹿やろう。娘を売り飛ばす親も親だが、女郎などというのは可哀そうなものだ。そうは思わぬかや。ただし、明日から止めるわけではない。行きたい奴は今のうちだ」

継之助は笑いとばし、いかなる反対があろうが、廓は許さぬと強引に進めた。

老獪《ろうかい》なやりて婆がいて、十三、四のなにも分からぬ女子に、手練手管《てれんてくだ》の色事を教え、奴隷のようにこき使っていることが気にいらなかった。でっぷり太った楼主を見ると、この野郎っと思った。

自分がのこのこ出かけることと、矛盾する話ではあるが、女子を売り買いすることは、いつの日か止めさせたい。そう思ってきた。

河井（可愛い）河井と　今朝まで思い
いまは愛想《あいそ》も　継（尽き）之助

遊廓のあちこちに、べたべたと落首が貼られた。

長岡が廃止しても他が認めている以上、ほんの些細な試みではあるが、気の毒な遊女たちを解放し、まともな暮らしをさせてやりたい。

自分の責任においてやれることはやる。継之助は堂々と主張し、一年後の慶応三年（一八六七）十二月、遊廓廃止を断行する。

日本が遊廓の廃止を打ち出したのは太平洋戦争終了後の昭和三十一年（一九五六）である。継之助の行為がいかに先駆的かは、このことでも分かる。

それもこれも継之助が、あちこち遊び歩き、裏の裏まで知り尽くし、売春制度の弊害を身をもって知っていたからだった。

看板娘

遊廓廃止を打ち出してからは、遊び相手は芸者に切り替え、唄を唄った。

もっぱら利用したのは横町の藤本屋と渡里町の旅館桝屋《ますや》である。

桝屋には看板娘のむつ子がいて、

「お嬢、お嬢」

と呼んで、可愛がった。

物怖じしない柄の大きい娘で、継之助が来ると、そばを離れない。

後年、むつ子は、

「河井さんは、藤本屋では、おりくがお酒の相手をしていました。別段、色恋の何のというわけではなく、まあ一口に申さば、種々の方との交際ではなかったかと思われます。お一人でこそこそとお忍びになるようなことはなく、お身分や何かは頓着なく、お交際なすっておりました。三根山のご家老さまなどは、ご遠慮なすってお逃げになるので、さあお嬢、お前が連れだなどとおっしゃって、藤本屋にお供致しました」

と語った。

こと女に関しては、世間の噂などまるで気にしない継之助だが、自分の政治は気になった。

たとえば博打。本当に止めたのかどうか、自分の目で確かめないと確信がもてない。

継之助は隣の栃尾《とちお》に出かけた。

長岡は顔が知れ渡っているので、栃尾で試してみることにした。

渡世人

栃尾には勇蔵という渡世人《とせいにん》がいた。

「御免なすって、しがねえ旅の博打打ちでござんす。ひと場張らせてくんしゃい」

粗末な綿服に脇差しをぶち込んで、勇蔵を尋ねた。若い者が出てきて、賭場《とば》は開かぬという。

「親分を出してくんしゃい」

継之助は粘り、勇蔵がでてきたが、

「開かぬ」

の一点張りである。それでも粘ると、

「旅のお方、銭がねえのかえ。これをやるから、他所に行ってくれろ」

と金を包んだ。

継之助はいったん受け取り、後日返し、「お前はいい男だ」と褒めたので、以来、勇蔵は継之助を神のようにあがめ、率先して町の浄化に努めるようになった。

継之助は怒ると怖いが、善行に対しては、我がことのように激賞するので、相手はころりとなり、神さま、仏さま、継之助さまと心服した。しかしすべて継之助の意向が浸透していたわけではない。栃尾在の荒川では、相手が待ってましたとばかりに開帳した。潜ませていた目付がかけつけ、ご用となったが、この話はあっという間に広がり、正義の味方、河井継之助の名が、一層、高まったことはいうまでもない。

慶応二年（一八六六）十二月二十五日、突然、孝明天皇《こうめいてんのう》が崩御した。帝から絶大な信を得ていた会津藩は後ろ盾を失い、茫然自失、なす術もなくたたずんでいるであろうと、継之助は胸を痛めた。

毒殺の噂も流れ、何か不吉な予感がした。

ここまでやるかと薩長のなんでもありに、激怒した。

第六章　戦争の匂い

尊王攘夷

慶応三年（一八六七）の正月である。

どこからか戦争の匂いがした。

早急に軍備を整える必要がある。

そんなことを思いながら、継之助は元旦には城に出て家中に挨拶をし、三日に一族郎党を「桝屋」に集めた。

山本帯刀、村松忠治右衛門、花輪馨之進、三間市之進らである。

「昨今、村々の様子がいささか変わりつつある」

と皆が言う。

「それはどういうことだでや」

継之助が聞くと、不穏な空気がどこからか漂ってくるという。武士には分からぬ微妙な匂いなのであろう。

「本間のような手合いか」

継之助は呟いた。

本間とは、越後寺泊《てらどまり》の人、本間《ほんま》精一郎《せいいちろう》である。

天才か、はたまた狂人か、評価は定まらないが若くして江戸に出て、昌平黌に入り、広く諸国の志士と付き合い、長州、薩摩も歩き、攘夷倒幕を唱え、文久二年、斬殺された男である。

本間の他にも蒲原郡《かんばらぐん》中之島村の高橋竹之介は、同じように都に出て、尊王攘夷にかぶれ、彼の周辺に長谷川鉄之進という男もいて、米沢藩を動かして会津を討つと騒いでいる。薩長が越後に尊王攘夷運動の火を付けることは、あり得る話である。

「村松藩もどうもおかしい」

花輪が言う。若手が尊王と叫んで反乱を起こしていた。

「上層部にも問題があるな」

三間が相槌を打った。

村松藩の事件は根が深い。

村松藩三万石は、水原《すいばら》や新潟に近いところに位置し、かつて無城であったが、嘉永三年（一八五〇）に城の普請が認められ、大手門、搦手門《からてもん》を持つ城を建てた。

ところが万延元年（一八六〇）、藩主堀直休《ほりなおやす》が二十五歳の若さで急死、後継者を巡り、お家騒動となった。

反体制派は時事問題を論じる「咄講《はなしこう》」を結成、正義党を名乗って尊王攘夷を叫び、筆頭年寄役堀右衛門三郎と激しく対立した。

堀は、正義党一派が長州藩と通じ、藩内を混乱に陥れたとして、幹部七人を逮捕、監禁する動きに出た。

越後に降ってわいた尊王攘夷運動は単に村松藩の出来事と見るのではなく、今後、予測されるもっとも警戒すべき現象と継之助は見た。

近隣にこうした事件が起こったことは由々しき事態であり、越後に権益を持つ会津藩が探知した場合、黙ってはいまいと思われた。

「みだりに尊王攘夷などを唱えることは許さぬぞ。いまさら攘夷でもあるまいでや。開国だで、馬鹿たれめが」

継之助は、不愉快だった。

村松藩は正義党を取り込むことに失敗した。

新発田《しばた》藩十万石にも、不穏な空気があった。ここは下越《かえつ》の重鎮である。

「どうもあそこも尊王、尊王と騒ぐ手合いがいるでや」

継之助が言った。

若者の怒りや農民たちの動向にも気を配り、不透明な時代の舵取りをせねばならない。吉と出るか凶と出るか。予断を許さない。

京都の情勢は厳しさを増している。

継之助は一族郎党を「桝屋」に集め、新年会を開いた。

「今日は正月だ。お嬢、料理を並べろや」

継之助が叫んだ。

お嬢こと、看板娘のむつ子が、にこにこしながら料理を並べ、酒を運んだ。

綺麗どころがずらりと顔を揃え、継之助は楽しそうに十八番を唄った。

四海波でも切れるときゃ切れる

三味線枕で二世三世
九尺二間に過ぎたるものは
紅《べに》のついたる火《ひ》吹竹《ふきだけ》

宴席はいつも継之助の独壇場《どくだんじょう》である。飲めや唄えの目出たい正月となった。

実は継之助に江戸在勤の内示が出ていた。

風雲急を告げる情勢である。

スネル兄弟やブラントからの武器の買い付けがある。アメリカやイギリスから取り寄せる物もあるかもしれない。

「何か胸騒ぎがするでや」

継之助がつぶやいた。

江戸出立

雪解けを待って継之助は江戸へ向かった。出立の朝、越後平野に太陽が照った。

道中、継之助は、信濃川を飽く事なく見続けた。清らかな水である。真ん中の辺りは渦をまき、奔流《ほんりゅう》となっている。

この雪解け水が沃野《よくや》を育んできたのだ。残雪が残る山々から流れてくる雪解け水によって越後の米が採れ、あの美酒が生まれるのだ。

この愛しい越後を、他国の者に踏みにじられる事は、断じて許さない。

継之助は信濃川の流れを深く脳裏に刻みながら歩き続けた。

まるで正月気分

江戸は京都の混迷などどこ吹く風、まるで緊迫感がない。盛り場はまるで正月気分の延長のように、朝から黒山の人だかりである。

継之助は両国にでかけた。

軽業《かるわざ》、講釈などの幟《のぼり》が並び、髪結い床、茶店、玉子屋、飴売り、豆腐屋、釣具屋、なんでもある。江戸の市民は天下泰平、われ関せずで、尊王攘夷、攘夷倒幕などを口にする者は誰もいない。

江戸藩邸の若い連中も、すっかり江戸の惰弱さに慣れ、まるで覇気がない。義兄の梛野嘉兵衛も開いた口がふさがらない。

継之助は一日、在府勤番の藩士の操練を視察した。

「河井さま、弁当持ちを付けて下され」

と皆が訴えた。藩士が弁当をぶら下げて行進するのは、格好が悪いというのである。

「弁当を持って歩けねえのか」

継之助に一喝されて、藩士たちは縄で弁当を縛り、雨降りの用意にと国元から送られた蓑合《みのがっ》羽《ぱ》を背負い、尻も見えんばかりに裾を高々とまくり、ドンドコドンと太鼓を打ち鳴らして、呉服橋より渋谷の練兵場に繰り出した。だらしがない姿だ。

継之助はあきれた。まるで危機意識がない。

それもこれも責任は自分も含めて重臣にある。結局は天に向かって唾するようなものであった。

案の定、往来の人々が足を止めて失笑し、

「呉服橋の牧野さんだ。何をしでかそうとしておるのやら」

と呆れている。

尻あぶり

気になった継之助が練兵場に行ってみると、何十カ所にも火を焚いて、尻をあぶっている。

継之助は、

「くそッ、くそッ」

と吐き捨てるように言い、翌日から帯刀に命じ、性根を鍛え直させた。

継之助は毎日のように幕府に顔を出した。

勘定奉行の小栗上野介《おぐりこうずけのすけ》に魅かれた。

小栗は横須賀に製鉄所の建設もはじめており、四月には商社も発足させた人物である。

文政十年生まれ、年が同じというのも奇遇であった。

小栗が描くように幕府主導の新国家が誕生すれば、万事めでたしめでたしだが、薩長が討幕を叫んでいる以上、すんなりとは行くまい。その時、長岡藩はどう行動するか。それが問題であった。

長岡藩の前途は、すべからく不透明であった。どうなるのか、全くわからない。ただ漠たる予感は、戦争が起こるのではないかということだった。いずれにしても軍備を蓄えることが肝要だった。

継之助が帯刀や三間、義兄の梛野を連れて横浜に出かけた。

この時、河井継之助、四十一歳である。

横浜の発展

三年ぶりの横浜である。

あまりの発展ぶりに驚愕した。

外国人居留区には二階建ての広壮な建物が並び、老舗のジャーディン・マセソン商会、デント商会、ウォシュ・ホール商会、ファーブル・ブラント商会などの間にスネル兄弟商会もあった。目を引くのは、ずらりと並んだ鉄砲である。

そこに諸藩の侍たちが群がり、どこも黒山の人である。外国人打ち払いに使われては困ると尻込みをしていた商会側も、日本の内情を知るにつれて、どうやら内乱の兆しありと判断、あっという間に武器商人が増えた。

フランスの水兵やイギリスの歩兵がいり乱れて辺りを歩き、頭は陣笠、筒袖の上に羽織を着て、腰に両刀、足は長靴の幕府伝習兵の姿もあった。

その異国情緒に口をあんぐり開けるばかりである。

「ここだ、ここだ」

継之助が店の前に立った。

「これは立派な店でござる」

帯刀が目を輝かせた。

「ご免っ」

継之助が扉を開けた。

「おう、河井さん」

エドワードが飛んで来た。

「手紙見ました。待っていました」

エドワードは継之助の手を握り、肩を抱いた。

「ヘンリーは」

「もうすぐ来ます。会えて本当に嬉しい」

エドワードは流暢《りゅうちょう》な日本語で言った。

三年前は片言だったが、今では、日本人と変わらない発音である。そういうものかと、継之助は、人間の適応能力に驚いた。

「これは長岡のサムライたちだ。山本、三間、椰野、彼は私の義兄だ」

「おお」

エドワードは一人一人と握手した。

店には黒人のボーイや日本人のメイドもいて、客が絶えない。

目の前で拳銃や新式の小銃が売れていく。

お茶を飲んでいる所に兄のヘンリーが戻った。

「河井さん、今日は領事館の仕事が長引き、大変、失礼しました。河井さんがお出でになるのを、指折り数えて待っていました」

ヘンリーは満面に笑みを浮かべ、表情豊かに語り、握手した。

「わたし、結婚しました。ヨウです」

と言って妻を紹介した。細身の日本女性である。

「おおう、それはめでたい」

継之助はヘンリーの妻に祝福を送った。ようは勝ち気な感じの人見知りをしない女性で、ヘンリーのために内助の功を発揮しそうであった。

この夜、継之助らは横浜ホテルに泊まり、スネル兄弟を夕食に招待した。エドワードも女性を連れて来た。お島といった。なかなかの美人である。いずれ結婚するという。

日本も確実に変わっていくことが、スネル兄弟と二人の日本人の女性からも読み取れた。

ワインやウイスキーかと思いきや、酒も好きになったそうで、楽しい夕食となった。

「河井さん、いま、日本に入っている鉄砲、大砲、物凄い数です」

ヘンリーが言った。

南北戦争

アメリカの南北戦争が終わり、そこで使われた武器が大量に流れ込んだのである。

「アメリカの戦争は、四年もかかりました。これが写真です。見てください」

ヘンリーが新聞を取りだした。

おびただしい死者が横たわり、小銃や大砲、軍艦の写真があった。それは信じがたい壮絶な戦争のように思えた。

南北合わせて死者は六十二万人に達し、装甲砲艦と要塞砲の激しい砲撃戦、騎兵の突撃、迎え撃つ大砲の砲列の写真があり、どれも思わず絶句する衝撃があった。

「河井さん、これで攻められたら日本などひとたまりもありません」

帯刀が顔を引きつらせた。

何故、内戦が起こったのか。

北のリンカーンが大統領に選ばれ、黒人の奴隷を解放しようとしたのに対し、南は反対したということだったが、恐らくそればかりではあるまい。いま日本で起こっているように、国のあり方を巡る様々な対立があったのだろう。

結果は豊かな北が勝利し、リンカーンの名は世界に広がったが、結局は武器の優劣が戦局に大きな影響を与えたようであった。

「河井さん、日本も間違いなく戦争が起こります。なぜなら、ミカドとタイクーンの二人が争っているからです。わたしはタイクーンを支持しますが、ミカドも兵は強力です。河井さん、あなたのために、わたしは、どんなことでも協力します」

ヘンリーは力強く言い、エドワードも、

「鉄砲や弾薬は用意しておきました。皆さん、明日、ご覧下さい」

と言った。

「義兄上《あに》、何分、金の方をよろしく」

継之助は勘定頭の代行として来ている義兄の梛野に言った。

「心配致すな」

義兄が皆を見渡した。

翌日、継之助はスネル商会とブラント商会の兵器を見た。どんどん値段が上がっているという。

以前来た時、九両だったイギリス製の先込めミニエー銃が十五両に高騰していた。千挺で一万五千両である。

最新式の元込めシャープス銃になると、三十両の値段がついている。千挺で三万両である。

先日、忠治右衛門と算出した当座の軍事費は十万両である。

四千挺ほどの鉄砲は買えるが、それだけでは何の役にもたたない。大量の弾薬がいる。

百万発を買うと三万両ほどになる。とても十万両では足りない。ヘンリーは指揮官の優劣で戦局は大きく変わるので、軍学校の開設も重要だと語った。

ともあれ継之助はミニエー銃一千挺を買い取ることを約束し、両商会に手付金を支払い、歩兵操練書、地理書、英国文典、施条銃論などの兵書も注文した。

これに加えて大砲も不可欠である。使えば破損するので補充も必要になる。最低、あと十万両は都合しなければならない。

「なんとか致そう」

梛野が継之助を後押しした。

ガットリング砲

極めつきはガットリング機関砲である。

歯車付きのハンドルを回すと、弾倉から三百六十発の弾丸が飛び出す機関砲である。

継之助はれっきとした佐幕派だった。薩長の謀略は許せない。薩長政権など許しがたいことだ。しかし戦ってもいまは勝てる自信はない。

会津は最終的に戦うだろう。

その時、長岡藩がガットリング機関砲を引き出して戦えば、十分に戦えるのではないか。

そういう思いが、継之助の胸中に芽生えたのではないか。

契約したガットリング機関砲とミニエー銃が船で新潟に運ばれ、藩士の手に渡るのは、この年の暮れである。

幕府終焉

継之助は一家に一挺ずつミニエー銃を配し、本格的な操練に入るが、そこまでにはまだ時間があった。

継之助はこの年、三月十日付けで寄合組に昇格し、四月には御奉行格になった。中老の一歩手前、中老から家老への道は約束されたも同然である。ひとえに主君忠恭の引き立てであった。隠居した勘右衛門がどう言おうが、筆頭家老の稲垣が泣きごとを言おうが、

「継之助によく相談致せ」

と主君がはねつけた。

「いまは、どのように転ぶか、分からぬ情勢でござれば、ここは殿のご指導のもと、全藩をあげて富国強兵に相勤めることが肝要かと存じます」

と主君に告げると、

「わしの出る幕にあらず。そちたちが国を誤らぬよう力を尽くしてくれ」

と全幅の信頼を置いた。

「義兄じゃ、責任が重いでや」

継之助は時おり思い悩み、一人深酒をすることもあった。上に立つ者の責任の重さはなってみないとわからない。

そのころ、京都では新しい動きが始まっていた。大政奉還《たいせいほうかん》である。

江戸にもこの言葉が、ひんぴんと流れて来た。土佐藩の坂本龍馬《さかもとりょうま》や後藤象二郎《ごとうしょうじろう》が模索しているもので、政権を万世一系の皇室に返し奉り、国威を日々に拡張し、上下議政局を設け、議員を置いて国事を議決させるというもので、はなはだ耳ざわりのいいものだった。

これで都の騒乱が治まるのであれば、悪いことではないとも思えたが、数々の疑問があった。

薩摩、長州、土佐が自らを上席に置こうとしているのが見え見えなのだ。

それに対し徳川はどう位置づけられるのか。会津や長岡はどうなるのか、まるで見えなかった。

第二次長州征伐がすべてを決める重要な戦いと継之助は結論づけた。

長岡藩兵五百七十余人が江戸を出立したのは慶応二年（一八六六）六月二十一日で、七月六日に大坂に着き、二十六日には芸州口の守備を命じられた。

戦況は長州の奇兵隊の猛攻に遭って、はかばかしくなく、七月には将軍家茂が大坂城で病死する不運も重なり、これを期に八月には休戦となったが、実際は負け戦であった。

大坂から帰った三間市之進は、

「河井さん、このままでは長岡が吹き飛んでしまうぞ」

と悲痛な声をあげ、長州の奇兵隊にばたばたと撃ち倒された幕府兵の無残な姿を語った。

継之助は同志たちを集め、徹底的に幕府と長州の戦いを討議させ、

「このままでは長岡も薩長に踏みにじられるだけだ。すべての改革をやらねば、ならぬでや」

と皆に言い渡した。

第七章　筆頭家老就任と幕府滅亡

忠恭決断

難局のさなか、慶応三年（一八六七）七月に藩主忠恭《ただゆき》が隠居し、雪堂《せつどう》を名乗った。まだ四十代前半だったが、嵐の時代にはついていけないと、養子の忠訓《ただくに》に藩主の座を譲った。

「忠訓のもと継之助をもり立てて藩政を進めよ」

忠恭は皆に語り、継之助を筆頭家老に抜擢した。筆頭家老稲垣平助の転落である。

薩摩や長州は門閥層が姿を消し、下級武士が藩政を握っている。

それは時のながれでもあった。

「おれも奴らに負けるわけには、いかねえでや」

継之助は神に誓った。

良運が飛んで来て、

「おみしゃんならできる。仲間がいるしなあ」

とわがことのように喜んだ。

継之助は歓喜に胸を震わせた。

会津藩士

夏の終わりごろ会津藩士、土屋鉄之助が継之助を訪ねてきた。土屋とは山田方谷のところで会っている。

「薩長は間違いなく討幕に踏み切ると我々は見ておりまする」

土屋はそう断言し、薩長同盟に対抗する会津、越後同盟の結成を説いた。

土屋の上司、秋月悌次郎が蝦夷地から都に戻って公用人に復帰、

「くれぐれも河井殿によろしく」

との伝言もあったので、継之助は、

「ねがってもない話だでや」

と賛成の意向を伝えた。

「越後は一体でなければならぬ。早速、諸藩に声をかけましょうぞ」

継之助の反応は早かった。

早速、配下の植田十兵衛に新発田、村上、村松藩等への働きかけを指示した。

かくして九月十八日には新潟古町の料亭鳥清で、第一回の会談がもたれた。これが後の奥羽越列藩同盟のはしりとなる。

大政奉還

それやこれや、政務に追われている間に突如、大政奉還が実施された。十月十四日のことである。

この時、継之助は江戸に常駐していた。

将軍慶喜が独断で政権を朝廷に返上したという。これから日本がどうなるのか、まるでわからない。

慶喜の行動は訳がわからない。得をするのは薩長に決まっている。

江戸城は混乱の極である。

会津は承知したのであろうか。

我らはどうするか。まさか薩長に味方はできない。

「京都に行かねばならぬでや」

継之助は、いささか慌てた。

「ぼんやりして眺めておれば、いいというのかや。危急存亡のおり、自藩の利のみ考えて行動するは男の恥だや」

継之助はそう言って、義兄の梛野や三間を連れて京都に向かうことにした。

「歩いては間に合わぬでや」

そこが継之助のひらめきである。

幕府に掛け合って蒸気船順動丸《じゅんどうまる》の座席を手に入れた。

船には幕府陸軍総裁の松平縫殿守《ぬいどののかみ》や外国奉行平山図書守《ずしょのかみ》ら幕閣の姿があり、何人かの米沢藩士もいたが、長岡藩は主君忠訓を頭に梛野、三間、スネル兄ら六十余人が乗り組んだ。

「大政奉還など我々は何も聞いてはおらぬ。イギリス公使パークスはミカドが日本の事実上の君主になったと本国に通信したと聞いた。上様は何を考えられたのか、見当もつかない」

外国奉行の平山図書守はこう言って嘆き、米沢の甘糟継成《あまかすつぐしげ》は、

「どう対応すべきか苦慮している」

と頭を抱えた。

「あれほど将軍に肩入れしていたフランス公使ロッシュが何をしていたのか。信じられぬ失敗だ」

と重臣たちはロッシュを罵倒した。

順動丸は文久二年（一八六二）に幕府が購入した英国製の蒸気船で、江戸と大坂の間を三、四日で走る。継之助は甲板に立って、飽くことなく海を見続けた。

船は四日かかって十一月二十九日に兵庫に着いた。

継之助は直ちに都に上ろうとしたが、具合の悪いことに主君が船旅で体調を崩し、寝込んでしまった。

やむを得ず大坂に止まり、主君の療養に努めている間に、討幕の密書を受けていた長州が動いた。

幕府、会津は朝敵であり、首を出せという急展開である。将軍や会津藩主は顔面蒼白《がんめんそうはく》となって、大坂城に下って来た。

この腰抜けぶりもひどい。

問い質すべく老中首座の板倉伊賀守に面会を申し入れたが、口をもぐもぐとさせるだけで話にならない。

朝廷に直訴

継之助はおめおめと京都から大坂に下るなど愚の骨頂に思えた。京都にいるから前将軍としての威厳があるのだ。しかし、今となっては万事、遅すぎる。

憤慨しても始まらない。ここは戦争を止めることだ。朝廷に直訴するしかない。

長岡藩主従は、都への道を急いだ。

伏見を経て竹田街道を入京した。都はもう敵の手に落ちている。いつ拘引されても不思議ではない。

浮浪の徒がいたる所にたむろし、抜き身の槍を手にした薩長の兵が充満し、幕府支持と言おうものなら、たちまち惨殺せんとする勢いである。

継之助は度胸を決めて御所《ごしょ》を目指した。

主君には北野の林静坊で休息してもらい、継之助は三間と渋木成三郎を連れて議定所に入り、薩長の幹部や黒幕の岩倉具視《いわくらともみ》に面会を求めたが、不在だという。

なおも粘ると、長谷信篤《ながたにのぶあつ》三位、五辻《いつつじ》少納言が顔をだした。

継之助は、

「政権奉還の儀はこの上ない大事件、上下あげて驚愕《きょうがく》仕り、天下騒乱、万民塗炭《とたん》の苦しみも起こり候儀、歴然と存じ候、不忠とは思うが、恐れず健言候」

と、五辻少納言に建白書を差しだしたが、何ら反応はなく追い返された。

「くそったれ奴が、三間よ、今日のことはよく覚えておけや」

継之助が怒鳴り、

「奴らに好き勝手なことはさせないでや」

と、明確に佐幕に舵を切った。

鳥羽伏見

慶応四年（一八六八）正月三日、鳥羽伏見の戦いが起こった。

継之助も兵を率いて大坂の玉津橋《たまつばし》の守備に就いた。

玉津橋は、大阪と奈良を結ぶ 暗越《くらがりごえ》 奈良街道の道筋にあり、江戸時代初期に橋が架けられていた。どこの戦場も幕府軍は無為無策のために敗れていく。

戦況や如何に、継之助が大坂城に戻ると将軍慶喜、会津藩主松平容保、桑名藩主松平定敬らが、闇に紛れて軍艦に乗り移り、江戸に逃げ帰ったという。

まさかまさかである。

このざまはなんだ。幕府の不甲斐《ふがい》なさに継之助は呆れた。

「引き揚げだ、急げっ」

長岡勢は大和路を一目散に駆けた。伊勢の松坂からは船である。冬の海は轟《ごう》々と風が吹き、小さな帆掛け船は、右に左に大きく揺れた。

「三間よ、これで幕府は滅んだが、討幕の密書とはやってくれたものよ。これで世のなかがひっくりかえるのじゃ、ひど過ぎるでや。俺は薩長を許さぬでや。ひと暴れするのも面白いがや」

波飛沫《なみしぶき》をかぶった継之助の顔に、殺気があった。

慶喜は仕方がないとしても、会津藩主も逃げたとあって継之助は、会津武士道の存在を疑った。

騒乱の江戸

江戸は騒乱の渦であった。

福沢諭吉が江戸城中の乱脈ぶりを『福翁自伝《ふくおうじでん》』に書いている。

誰一人、予想だにしない敗退になす術を失い、驚くことに逃げる算段をしている旗本すらいた。

大政奉還したところで、薩長にこの国を統治する能力などあるはずがない。慶喜はそう高をくくっていたらしい。しかし仁和寺宮が錦の御旗を翻して陣頭に立った瞬間に立場が逆転した。勝てば官軍、負ければ賊軍である。

本来、徳川を守るはずの伊勢の藤堂家、彦根の井伊家の兵までもが薩長になびいてしまった。かくて旗本たちが浮き足だつのも無理からぬ話ではあるが、それにしてもひどい。ただ、右往左往するだけで、なにも決められない。

継之助の怒りはつのるばかりである。

こうしたなかで勘定奉行の小栗上野介が、

「敵を関東に入れて包囲し袋の鼠とし、軍艦を派遣して薩摩、長州を衝かせる」

と演説し、幕府陸軍の大鳥圭介《おおとりけいすけ》や海軍の榎本武揚《えのもとたけあき》も戦いを叫んだが、鳥羽伏見の敗戦がひどくこたえ、敵前逃亡してしまった将軍にその気はなく、小栗は罷免されてしまった。

「三間よ、幕府とは何だったのかや。なんでも、自分だけは助かる算段をしているらしい。ほかは勝手にしろというわけだ。ふざけた話だでや」

継之助は江戸城に行くのを止めた。

独立特行

戦争の流れは止めようがあるまい。武力がなければ、揉みくちゃにされるだけだ。

継之助は横浜を往復し、武器の購入に奔走した。このころ継之助は秋月悌次郎の紹介で、会津藩家老の梶原平馬《かじわらへいま》に会った。

梶原はまだ二十代後半の若さだが、苦悩のせいか年よりも老けて見えた。この男、物に動じぬ鷹揚《おうよう》な物腰で知られ、主君容保の側近中の側近として会津藩を仕切ってきた公用局の責任者である。

「勝海舟、あれはとんでもない食わせ者だ。鳥羽伏見の戦は会津が勝手にやったことと、責任を我らになすり付け、徳川家のみの生き残りに汲々《きゅうきゅう》としておる」

梶原は海舟を批判した。

会津の弱さも信じがたく、見掛け倒しもいいところと継之助は感じたが、ここは言葉を避けた。

「我々はおめおめと薩長の軍門に下り、奴隷に成り下がることはしない。桑名も我々とともに、戦う所存でござる。なにとぞご支援いただきたい」

梶原は苦渋に満ちた表情で、長岡藩に物心両面の支援を求めた。

「できるだけのことは致そう」

継之助は答えた。

第八章　運命の小千谷談判

血が騒ぐ

どう転ぶにせよ、軍事力の増強が鍵になる。

継之助はあらたな行動に移った。

梶原を横浜に誘い、スネル兄弟を紹介した。

会津藩は鳥羽伏見で多くの武器を失っており、梶原は凄まじい勢いで武器弾薬を買いまくった。

この動きを知った鵜殿団次郎が、

「君はもっぱら徳川や会津の肩をもっている。長岡は当事者にあらず。やり過ぎではないか」

と継之助に噛み付いた。

「おみしゃん、俺が問題にしているのは、これから新しい日本国を造るに当たって長岡の意見も聞いてくりゃということだぞ。問答無用、お前等の話など聞けぬとなれば、俺は黙ってはいねえぞや」

論議になると、声の大きい継之助の方がいつも勝つ。気迫に押され、鵜殿は黙った。

継之助はスネル兄弟を通じて、江戸藩邸の什器、書画骨董を横浜の外国人に売り払って数万両を得、数百挺の元込め銃と弾薬、ガットリング機関砲二門を正式に買い付けた。

さらには戦が始まれば、江戸の市民が逃げ出してしまうとの噂で著しく値が下がった米を大量に買い込んだ。

コリヤ号で帰国

継之助は会津を援護し、薩長の問答無用のやり方を激しく批判し、皆の前で戦いも辞さぬと決意のほどを披瀝した。

スネル兄弟から購入した武器弾薬をどのような手段で運ぶか。

継之助の頭には当初から海上輸送があった。会津の梶原平馬、桑名の山脇十左衛門もこれに乗り、スネルの持ち船、ロシア船籍のコリヤ号を共同で借り受けることにした。

桑名藩主松平定敬は飛び地の柏崎で再起を期し、梶原平馬は新潟経由で、会津に帰る。三者の思惑がぴたりと一致した。継之助は、

「梶原どの、スネル兄弟を顧問に迎えてはどうか」

大胆な提案も行い、梶原に認めさせた。

スネル兄弟を巻き込むことで、奥羽は外国への窓が開け、武器弾薬の補給も可能になるという、いかにも継之助らしい人の意表を突いた戦略だった。

かくてスネル兄は会津藩軍事顧問に就任する。

別れの宴

薩長軍の江戸進駐は目前に迫り、継之助らの出港の日が近づいた。

継之助はその前夜、支藩の小諸《こもろ》藩江戸在勤の重臣牧野隼之進らを招き、別れの宴を張った。

「おのおの方、拙者、江戸ともお別れでござる。お世話になり申した。この際、一言、申し述

べたい儀がござる」

と、継之助が冒頭に挨拶した。

「いまや世事紛々、情偽はかりがたいが、願わくは、すべからく大義によりてことを処せられよ。今宵は心ゆくまで飲もうではござらぬか」

継之助はこう述べ、酔いが回ると得意の喉を披露した。

「渋い唄でござるのう」

と牧野が褒めると、

「牧野どの、継之助、今より忠良の臣たらんか、英雄の人たらんか」

と、すこぶるご機嫌で、

「すでに薩長が道を塞いでおるとのこと」

と牧野が心配げに聞くと破顔一笑《はがんいっしょう》し、

「天を飛んで帰ろうか、はたまた地に潜って帰ろうか。心配いたすなや」

と煙にまいた。

薩長は幼帝を手中に収め、いかなる野望も正義の行為と流布し、刃向かう者は容赦なく斬るという。本来、帝はあまねく人民を照らすものであり、一党一派に偏するものではない。

不正と不義を正さねばならぬ。

この夜の継之助の脳裏には、長岡藩兵を率いて薩長軍と対峙し、正義ある行動を求め、理不尽な振る舞いには断固反対し、聞けぬとあらば武門の習い、先陣を切って戦うおのれの姿があった。

三月三日、江戸呉服橋の藩邸を引き払った継之助は、百五十余名の藩士を率い、裏口水門から伝馬船で品川沖に停泊中のスネルの持船コリヤ号に乗り移った。会津藩は梶原以下百名余、桑名も主君以下百余名である。船は横浜で武器弾薬を積み、九日に箱館経由新潟に向け出帆した。

怒濤の荒浪

コリヤ号は横浜を出ると、江戸の海を大きく迂回し外洋に出た。

継之助は甲板にでて、しばらく陸を眺めていたが、やがて陸影は消え、船はうねりのなかに突っ込んだ。沖は風が強く、海はどこまでも蒼く、はてしなく広がっている。

コリヤ号は千トンほどの蒸気船で、この前乗った順動丸の三倍の大きさである。乗組員は白人と中国人だった。

継之助ら重役たちは一等船室で、あとは船底に近い三等船室である。下に行くにつれて揺れもひどく、房総沖あたりからは船酔いが続出した。

継之助は船室に戻り、終日、梶原や秋月、スネル兄と過ごした。

幕府の瓦解ですべての人々の運命が狂った。劣勢にある奥羽や越後の運命をどこまで取り戻せるか。継之助は腕を組んだ。

梶原の側に、いつも一人の青年がいた。

田中茂手木《もてぎ》である。英語や仏語を解し、スネルとは英語で話をした。田中は二年前、当時の外国奉行小出大和守に随行して欧州からロシアを巡り、樺太の国境交渉に臨んだ経験があり、実地で語学を学んできた。

田中は新潟に常駐、スネル兄弟と軍需物資の調達や奥羽、越後諸藩との交渉にあたるという。そのてきぱきした振る舞いと理知的な表情は、奥羽の未来を象徴しているように思え、頼もしかった。

薩長の連中は自分たちだけが憂国の志士と勘違いしている。日本をどうすべきか、長岡も会津も青年たちは同じように悩み、苦しみ、考えているのだ。

継之助はそう思った。

徳川が滅んだ以上、薩長も会津もないはずだ。何故、大同団結できないのか。

船は常陸の平潟で会津藩の大砲を下ろし、三陸海岸を回って箱館湾に入った。優美な箱館山の前に広がる港に、数艘の蒸気船と百艘ほどの和船が停泊していた。

すこぶる美しい港である。

伝馬船が近づいて来た。

あらかじめ連絡を取っていたのであろう、スネルが手を振って叫んでいる。

プロシャ副領事のガルトネル弟と貿易商のガルトネル兄、箱館商人伊勢屋《いせや》朝吉《あさきち》が顔を出した。

継之助はここで積んできた米を売った。米がいい値段で売れたこともあり、この夜、継之助は船を降り、ガルトネル兄弟と伊勢屋朝吉を夕食に招いた。

ガルトネル兄弟は庄内藩が大量の元込め銃を発注し、すでに船で庄内に運んでいると語った。

「南部藩も活発な動きにございます。我らの聞き及ぶところ、南部藩も薩長にはくみしないとのことでございます」

伊勢屋朝吉が言った。

南部藩は蝦夷地《えぞち》に四百人余の藩兵を出しており、盛岡に帰るにあたり、最新式のライフル銃数百挺と蒸気船を求めているという。

「盛岡の家老楢山佐渡《ならやまさど》というご仁、一、二度お会いしたが、なかなかの人物、薩長に屈することはないでございましょう」

梶原が自信ありげに笑みをもらした。

万一、戦闘となれば、奥羽越軍の物資の補給は、ここ箱館と新潟の海上輸送になるだろうと思われた。

箱館に二泊し、船は一路、新潟である。

継之助は甲板で操練を始めた。

スネル兄は欧州の戦線で戦った経験があり、自ら掛け声をかけて藩士たちを指揮した。甲板に二艇のガットリング機関砲も並べ、初めての発射訓練も行った。

南北戦争で威力を発揮した最強の武器である。会津藩、桑名藩の人々も固唾を飲んで見守った。

砲車の上に六本の銃が束ねてあり、ハンドルを回すと六本の銃が回転し一分間に百五十発から二百発の弾丸が発射される。

スネル兄が弾倉を取り付けハンドルを回すと、耳を劈《つんざ》く轟音とともに弾丸が発射された。

ダダダダッ　ダダダダッ
体がはじき飛ばされそうな勢いである。海に流した樽はたちまち、ばらばらに吹き飛んだ。

「おおう」

期せずして大喚声が沸いた。

二十日あまりの航海が終わり、二十三日、船は新潟の港に入った。越後の山河が目にしみる。心は急いている。事態が急変してはいないか。敵の影が越後に迫ってはいないか。

継之助は唇を噛みしめて甲板に立った。信濃川の河口が大きく広がり、何艘もの小舟がこぎ寄せて来る。

継之助は留守を守った藩士たちの顔を探した。三間がいた。彦助がいた。寅太もいた。皆、いきいきと目を輝かせている。

縄梯子《なわばしご》を伝って甲板に上った三間は、

「河井さん、戦《いくさ》が始まりました。もはや、一刻の猶予もございませぬ」

と声を震わせ、高田に北陸道先鋒の高倉永祐《ながよし》が到着して出兵を迫り、対する会津も兵を繰り込み、いまや戦いは必至であること、出雲崎代官は薩長に寝返ったとの噂があること、などを報告した。

やはり、この半月あまりの間に事態は急展開していた。

戦闘開始

薩長軍の動きは早かった。

慶応四年（一八六八）二月早々に全国統一を目途とする大総督府を設け、有栖川宮熾仁親王《ありすがわのみやたるひと》を東征大総督に任じ、東海道、東山道、北陸道の三道から兵を江戸に向けた。北陸道軍は途中、福井、金沢、富山を配下におさめ高田に着いた。

江戸城を開城させれば、ただちに越後諸藩の制圧に乗り出す算段である。

一方、奥羽鎮撫を目的とする奥羽鎮撫総督府も結成され、左大臣九条道孝《くじょうみちたか》総督以下の二百数十名が三月十八日、仙台湾東名浜に上陸していた。

これは仙台、米沢藩に会津攻撃を督促し、南部、弘前、秋田を制圧、庄内藩を包囲するためである。

幕府はすでに恭順を表明し、江戸城の明け渡しは目前に迫っていたが、これを不服として旗本古屋佐久左衛門の衝鋒隊が脱走、歩兵奉行大鳥圭介を総督とする旧幕府伝習第一大隊、第二大隊、伝習大隊、第七連隊など三千人余も脱走をはかり、国を二分する戦争の危険が迫っていた。

長岡も騒然となった。

三月十五日には越後十一藩の重臣が高田に集められ、江戸攻撃の出兵と三万両の献金を求められた。

継之助は留守である。

藩内は賛否両論が渦まいた。家老の稲垣平助は出兵し献金も出すと主張したが、

「腰抜けッ」

と揶揄され、山本帯刀、川島億次郎、花輪馨之進、村松忠治右衛門、三間市之進ら継之助派は拒否を決断し、藩論を固めた。

「来るなら、来てみろ」

帯刀は千三百の藩兵を三大隊、二十三小隊の洋式軍に編制し、猛訓練に入った。

服装は紺木綿の筒袖、割羽織、下がモンペに似た段袋で、背中に長岡藩を表す五間梯子《ごけんばしご》の印を付け、薩長なにするものぞと、城下を行進した。

藩士たちは一方的に命令を下す薩長のやり方に、自尊心をひどく傷つけられ、戦も辞さぬ覚悟であった。

一方、藩校崇徳館の教授連や商人たちを中心とする非戦派の動きも活発になっていた。稲垣の所に集まり、継之助の帰郷の前に藩論を覆そうと画策していた。

その最中に継之助が長岡に帰って来た。

ガットリング砲をガラガラと引っ張っての帰還は、その日のうちに城下に伝わった。ただちに登城し、老公雪堂、主君忠訓に帰国の挨拶をした継之助は、

「薩長の横暴、断じて許すわけにはまいりませぬ。あとは継之助におまかせ下され。御心配には及びませせぬ」

と声高に述べ、非戦派の動きを、

「ばか者めが」

と罵倒した。

「尊王だと、中身も知らずに、なにをほざく。奴等は幼帝を玉と呼んで、勝手に振る舞っておるのだぞ。長岡に兵を出せ、金を出せだと、それなら北陸道先鋒がここに挨拶にまいり、わが公に頭を下げるべきではないのか。ふざけるなや」

継之助は目を剝き、声を荒らげた。

恭順派の重臣安田鉚蔵《やすだりゅうぞう》が、

「一片の空想に過ぎず」

と反論すると、

「なんだとっ。何も知らぬくせに過分の言を弄《ろう》するなっ。おみしゃん達は命令に従えばそれでいいのだっ」

と一喝した。

一夜、良運が顔をだした。

「継さ、俺はな、北陸道先鋒の申し出を断った件、いささか気になるな」

と言いにくそうに切りだした。

「俺がいて西郷でも来ておれば、あるいは話をまとめることも出来たかもしれぬが、小者ではせんなきことだでや」

北陸道軍の参謀となる薩摩の黒田清隆《くろだきよたか》、長州の山県有朋《やまがたありとも》はまだ江戸にいた。

「継さ、その参謀が来た時は、必ず出かけて腹をば割って話しあえや」

「奴等は越後など虫けらのように思っておるでや」

「そこを堪えて」

「しかしなあ、俺は御所にも行ったが、鼻であしらわれ追い返された」

「我慢《がまん》も大事だでや」

「なにもかも失ってもか。武士とは一体なんだや。これほどこけにされて、それでも頭下げるのが武士かや。それだけなら頭も下げる。問題はその後だ。この国を奴らが好きなようにしようとしてんだぞ。それはないでや。会津のために戦うにあらず、薩長の横暴を抑え、越後に戦火をもたらさないために、ここは踏み止まるしかないでや」

「ともあれ悔いのないように、細心かつ大胆に、思い切りやってくれや」

と、良運が言った。

密偵の知らせ

毎朝、会津藩や桑名藩の動向が継之助のもとに報告された。

国境ぞいに密偵を放ち、村松藩、新発田藩など隣接諸藩とも緊密な連携を保ち、敵の動きを集めた。

会津藩が越後で行動を開始したのは、はるか前の二月である。幕府が越後の幕領を会津、米沢、桑名、高田の四藩の預かり地としたためで、会津藩は魚沼郡出雲崎周辺と蒲原郡水原周辺に七万石余の新領地を獲得、大手を振って越後への進駐を開始した。

木村忠右衛門の大砲隊七十人ほどが津川《つがわ》に入り、三月中旬には朱雀二番寄合組隊の土屋総蔵ら百五十人が新潟の酒屋に布陣した。

その後、続々援軍を繰り出し、薩長の呼びかけに応じ、都に兵を送った新発田藩を牽制し、新潟と会津を結ぶ阿賀野川沿いの防備を固めていた。

三月下旬には信濃川を渡り、弥彦《やひこ》にまで進駐した。

最新の情報では千人規模の越後方面軍が編制され、近々、水原に進駐するという。砲兵、土工兵を中心の強力な部隊ともともよりの触れ込みである。

「会津は本気だでや」

継之助はそう言って、名簿を見つめた。

総督一瀬要人《いちのせかなめ》、軍事局柴太一郎《しばたいちろう》、柳田新助、水原府鎮将萱野右兵衛《かやのうへえ》、朱雀四番士中隊佐川官兵衛《さがわかんべえ》ら幹部の名簿を見て、

「ほう、柴君がいるな、暴れ者の佐川君も来ているのか」

と継之助がつぶやいた。柴とは京都で会っている。末弟が後年、陸軍大将に上りつめる柴五郎である。

佐川は会津藩切っての武闘派である。

一方、薩長軍は北陸道と東山道から続々と兵を上越《じょうえつ》高田に集結させていた。

継之助は卓上に広げた図面に、薩長軍と会津兵の位置を書きこんだ。

桑名藩の動きも性急だった。

実兄の会津藩主松平容保を救援すべく自ら兵を率いて越後に入っていた藩主定敬は柏崎の勝願寺に入って謹慎しているが、もとより本心ではない。

桑名勢は松浦秀八、立見《たつみ》鑑三郎《かんざぶろう》ら数十人で、彼等は後に雷神隊や神風隊などを編制、継之助の長岡軍と手を結び、無敵の活躍をすることになる。

主力部隊は大鳥圭介の軍に加わり、関東に転戦しているが、いずれ越後に向かうことは間違いない。

ともあれ越後が戦場と化すことは、火を見るより明らかだ。戦いの火蓋《ひぶた》は、閏四月二十一日、小出《こいで》で切って落とされていた。

東山道軍が三国峠を越えて小出の町に攻め入り、会津の守備兵を打ち破って町に火を放ち、気勢を上げていたのである。

桑名藩や水戸脱走隊が守る柏崎でも戦争が始まった。両軍の大砲が人家を飛びかい、敵先鋒の加賀藩兵に死傷者が続出、桑名勢大善戦の報が入って来た。しかし継之助は動かない。

「河井め、何をしておるかッ。我らは長岡のために戦っているのだ。あの時の話はすべて嘘かッ」

桑名の軍事奉行山脇十左衛門が声を荒らげていた。

十左衛門は順動丸の船中で継之助と軍事同盟の約束を交わしており、一向に腰を上げない継之助にいら立ちを覚えていた。

正直に言えば、継之助にも迷いがあった。

理想は武装中立である。

長岡藩が薩長軍と会津藩の間に入り和解させることである。

それは実現不可能なことかもしれない。しかし、それに向かった努力をしてみたい。継之助には夢があった。

他人には理解しにくい継之助の理想主義が心中にあった。

その間に、敵は目の前の小千谷《おぢや》にまで進駐、一気に長岡を屠る勢いだった。

「総督、敵の本営を衝かぬのですか」

帯刀が声だかに叫んだが、

「その時期にあらず」

と継之助は否定し続けた。

「これでは、長岡は惰弱の誹りを受けますぞ」

藩兵に不満が渦巻いた。

迷う心

継之助も皆の気持ちが痛いほど分かる。

長岡だけが中立を守り、われ関せずと決め込むことなど恐らく一人よがりの幻想であろう。

相手が越後を侵犯したのだ。堂々と戦いを宣言し、長岡の存在を天下に示すべきではないか。会津は勿論、仙台も米沢も参戦するのだ。会津の精鋭、佐川官兵衛の朱雀隊が長岡領に近づいているとの知らせも入った。

にもかかわらず、なぜためらうのか。自問自答した。

「独立特行など通用しまい。ここは軍門に下るしかあるまいて、無謀だぞ。長岡が精強とはいえ兵はたったの千だぞ、自殺行為だ。そういう話にはのれぬ」

と参戦に反対した、川島億次郎の忠告も脳裏をよぎる。

それも分かる。継之助は迷った。

自分はこれほど優柔不断だったのか。

継之助は半ば自嘲した。

二十七日早朝、大砲数門を引いた会津藩佐川官兵衛隊三百が長岡領内に入った。

佐川は鬼官兵衛の異名を持つ暴れ者で、猪首、赤ら顔の精悍《せいかん》な男である。

肩を怒らせて摂田屋に乗り込んで来た。傍らに桑名の山脇十左衛門がいる。

「戦いはすでに始まり、多くの兵が傷つき倒れている。奥羽同盟が成り、奥羽はすべて会津の味方でござる。何故に長岡は起たぬのか。我らは長岡の一日も早い参戦と列藩同盟への参画を河井殿に願い仕まつる」

官兵衛は怒りも露《あらわ》に言う。

継之助がなにも話さぬうちに、

「参戦致すやいなや、即答願いたい」

と強持《こわもて》に言い放った。

「ほう、河井継之助をなめてもらっては、困るでや。梶原どのが、おみしゃんに回答せいと言ったのかや。秋月先生が言ったのかや」

と毅然たる態度で詰め寄ると、

「いや、拙者の一存である。行動曖昧なる場合は、屠《ほふ》ることも辞さず」

官兵衛も負けてはいない。

「なんだとッ。会津、桑名の腕前ならば、朝飯前であろう。やれるものならやってみろっ。その代わりおみしゃんの首もないぜよ」

継之助が啖呵を切った。

継之助の本心は、戦う前に一度、薩長軍参謀と差しで話し合ってみよう。すべては、それからだ。

継之助はそう考えていた。

怯懦《きょうだ》にあらず、それが武士道である。その面で、継之助はラストサムライだった。

西郷と勝海舟の会談で江戸城総攻撃が避けられている。そのことも少しあった。しかし、継之助の武士道が敵に大きく利したことも事実だった。

「今しばらく待たらっしゃい」

継之助はそう言ったきり、あとは無言で摂田屋に戻った。

後日、考えれば官兵衛のいう事も、決して間違いではなかった。このもたつきの間に敵先鋒は榎峠と朝日山を占領したからである。二つとも長岡の要害である。

最高指導者の責任は重い。

継之助はその重圧にあえいでいた。

重圧

二十九日、継之助は前線の視察に出た。

山本帯刀の大隊は城南を固めている。

一大隊は八小隊で編制し、一小隊は小隊長以下三十六人である。従って一大隊は約三百人となる。

大砲は二門、参謀の軍事掛は萩原要人、兵は全員、エンヒールド銃を持つ洋式大隊である。

牧野図書の大隊は小千谷を睨む南境に布陣している。

牧野は主君につながる門閥だが、先代に比べれば、はるかに覇気《はき》がある。大砲八門を持ち、継之助の腹心、花輪馨之進と、三間市之進が軍事掛を務めている。最前線なので火器はこちらの方が多い。

草生津《くそうづ》村、蔵王村、下条村に二小隊ずつ、宮内、前島村に六小隊を配し、三小隊が市中巡遊に就いている。どこも、ものものしい警戒である。

継之助は十日町村で、山本大隊の大川小隊に出くわした。

「ご苦労である」

労をねぎらうと、銃士の加藤一作が、

「総督、何故に戦わぬのでござるか」

と大声で問うた。

「つべこべ言うでない。兵は命令を守るべし。おみしゃん、命令を聞けぬとあらば、長岡に帰るべしッ」

継之助は、つい怒気《どき》を含んで言ってしまった。痛いところを衝かれたせいもある。

その場に冷たいものが走った。

「帰れとは何事でござるか、それが総督の言葉かえッ。おめおめ帰るなど卑怯な真似はでき申しゃぬ。かくなる上は総督の面前で腹を切るッ」

加藤はやおら短剣を抜いた。

「やめらっしゃい」

驚いた小隊長の大川市左衛門が加藤を押さえ、兵が飛び掛かって止めたが、大川ははずみで指を切り、鮮血が流れた。

辺りに気まずい空気が流れた。

皆、神経が過敏になっている。

継之助は即座に、俺の言い過ぎであった、と加藤にわび、その場は収まったが、この話はたちまち伝わり混乱を広げた。

兵の不満は限界に来ていた。

継之助は腹を固めた。

これ以上、兵を待たせることはできない。継之助の迷いは吹っ切れた。

決心

翌日、継之助は用人の花輪彦左衛門を呼んで、

「おみしゃん、小千谷に行ってくりゃえ。長岡藩重役河井継之助、嘆願の筋これあり、出頭致したくに付きご許容これありたし、と申して参れ」

と命じた。

花輪は度胸が据わっている。顔色一つ変えず、

「必ず使命を果たしてまいります」

と言って五月一日早朝、小千谷の官軍本営に出かけて行った。

花輪が誰に会ったのかは分からない。

「遇すること、極めて厚かりしかば、花輪も大いに安堵し摂田屋の本営に帰りことの次第を継之助に報告せり」

と『河井継之助傳』にある。

気をよくした継之助は麻の上下で正装し、翌二日早朝、主君に挨拶し、軍目付の二見虎三郎と従僕の松蔵を連れて小千谷に向かった。

「継之助は無事、戻るであろうかのう」

老公雪堂はいたく心配した。

継之助と二見は駕籠に乗り、三仏生《さぶしょう》村まで来ると薩長兵七十人ほどが警備していた。

「長岡藩家老、河井継之助」

と名乗って、継之助はすぐ薩長軍の本陣に向かった。

ここはごく最近まで会津藩の陣屋であった。奥に通され休んでいると、

「会津勢二千、片貝に向かって進軍っ」

「出撃じゃ」

と伝令がばたばた触れ回り、本陣は大騒ぎとなった。会談どころではない。

継之助は下がって信濃川の脇の旅籠「野七」で休憩していると使いが来て、慈眼寺《じげんじ》で会談だという。町の中にある真言宗の名刹である。

「ほう、いいところでやるな。どれ、出かけるかや」

二丁の駕籠は慈眼寺の大きな山門の前で止まり、継之助が降り立った。着剣した銃を手に薩長兵がずらりと並んでいる。継之助は軽く会釈し、本堂に入った。

本堂右奥の十二畳半の会談の間はそのままの形で、いまも保存されている。二見は本堂に止め置かれた。

薄暗い部屋で待っていると、四人の男が姿を見せ、気忙しく上座に座った。

岩村精一郎

継之助が名乗ると、男は東山道口の軍監、土佐藩士岩村精一郎《いわむらせいいちろう》と名乗った。

脇の男は長州の杉山荘一《すぎやまそういち》、白井小助《しらいこすけ》、薩摩の淵辺直右衛門《ふちべなおえもん》である。

参謀の黒田か山県を期待したが、目の前の岩村はいかにも若い。どう見ても二十二、三の若造である。

これは何も決まらぬかと、継之助は不安になった。ともあれ、出たとこ勝負である。継之助は藩内に様々の意見があるため、出兵、献金に応じえなかったことを率直に詫び、

「願わくは、時間を与えてもらいたい。必ず会桑二藩を説得し戦いを止めさせてご覧にいれる」

と述べ、嘆願書を差し出した。ところが、

「長岡の内情はとうに調べがついておる。その方の申すこと、戦備を整えんがための謀略に相違あるまい。いまさら、いいわけなど聞きたくもないわ」

と岩村は継之助の嘆願を一蹴した。

継之助はなおも粘り、鋭い言葉で、「領民を苦しめる戦をすべきにあらず」と、くらい付いたが、

「いまさら何を言うかッ」

と岩村が激語して、会談はあっけなく決裂、継之助の武装中立の夢は消えた。

予期していたことではあるが、これで終わりとするのは早い。継之助は「野七」に宿を取り、

それから何度か薩長軍の本陣に出かけ、岩村に面会を求めたが梨の礫《つぶて》であった。

「仁義は切ったでや」

継之助はこの夜、二見を相手に酒を飲んだ。後は戦うしかない。継之助は時おり、鋭い目で宙をにらんだ。

壮絶な北越戦争の序曲である。

第九章　北越戊辰戦争　壮絶長岡の戦い

越の山風

戦争後のことになるが薩長軍参謀、山県有朋《やまがたありとも》は北越戦争従軍記『越《こし》の山風《やまかぜ》』の中でこう述べている。

はじめ河井継之助が来ることに尽きて小千谷より報告ありしとき、余はともかく、これを勾留しておくべしとの指図をなしたるにこの指図が小千谷に達したときは、河井はすでに立ち去っていた。

真偽《しんぎ》のほどは分からない。

北越戦争であまり大きな犠牲が出たので、山県がこう言って逃げた可能性も否定はできない。継之助はこの会談を最大限に利用した。まず藩内の恭順派、川島億次郎に会い、

「もはや詮《せん》無し」

と告げた。

この後、継之助は摂田屋に諸隊長を集め、

「この上は君国のために一藩をあげて奸賊を防ぐ他なし」

と壮烈な言辞で士気を鼓舞し、会津藩、桑名藩をはじめ与板、村松、三根山、新発田、黒川、三日市、村上など越後諸藩に開戦を通告し、奥羽列藩同盟への加盟も決めている。彦助と寅太も気持ちを昂《たか》ぶらせて継之助の訓示を聞いた。

五月五日、大雨のなか会津藩の佐川官兵衛が、鼻をうごめかせて乗り込んで来た。

連日の雨で信濃川は増水しており、やっとの思いで川を渡って来た。

「長岡は臆病で困る。いつ攻めるのか。敵は日に日に増強している。もたついている場合ではござらぬぞ」

と、はばかることなく言い、継之助をじろりと見た。

官兵衛にも理由はあった。小出島の戦いで、捕えられた者が、ひどい殺されかたをして晒された。

その後、小千谷周辺の芋坂や雪峠でも次々と繰り出される松本、松代、高田などの敵兵力に押され、多くの死傷者を出した。

参戦を決めたというのに何故、長岡が出兵せぬ、官兵衛は怒り心頭である。

だが継之助にも言い分はある。

「異なことを申されるな。おみしゃんは、小千谷など取って見せると言っていたではないか。我らのせいにするのは卑怯であろう。何の用でここに来たッ」

と罵声を飛ばした。

官兵衛の顔は見る見る真っ赤になり、

「敵が貴領に迫って来たことを知らせに参ったのだ。いつまでも空を眺めて、ここにじっとしているようでは、我々にも考えがある。こう腰が定まらぬとあれば、後ろから発砲することも辞さぬッ」

と継之助を睨みつけ、またもや喧嘩である。

「そのような暴言は許さぬ。とっとと出て行けッ」

継之助も短気である。

売り言葉に買い言葉、口角《こうかく》泡を飛ばしてやり合った。

周りは仰天した。

継之助が小千谷に乗り込んだ際、会津藩が会談を妨害すべく長岡の軍旗、五間梯子《ごけんばしご》を戦場にばらまき、いかにも長岡が出兵したかのごとき工作をしたとの噂があった。

官兵衛は家老の梶原平馬や軍事奉行の秋月悌次郎から聞かされてきた戦う継之助と、目の前の優柔不断な継之助との違いに戸惑っていた。しかし内輪もめをしている場合ではない。

「佐川どの、我々は同志ではないか、この大事な時に手を握らずになんとする」

川島億次郎が二人をなだめ、水に流すことになった。はかばかしくない戦況にいらつく官兵衛の気持ちも、分からぬわけではない。官兵衛が言うように、長岡の発動は大きく遅れていた。

これに悪天候が重なった。

悪天候

五月八日、土手いっぱいに出水。

五月九日、雨　出水、土手危うし。

敵も味方もざあざあと降り続く大雨に、足止めを食っている。しかし、どちらかといえば出鼻をくじかれたのは長岡の方である。

「付いてないでや」

継之助は舌打ちした。

九日の夜、摂田屋で初めて同盟軍の作戦会議が開かれた。会津藩からは越後口総督一瀬要人、水原鎮将萱野右兵衛、遊撃隊頭井深宅右衛門《いぶかたくえもん》と官兵衛が顔を出した。

桑名藩からは軍事奉行山脇十左衛門、雷神隊長立見鑑三郎、致人隊長松浦秀八、神風隊長町田老之丞と衝鋒隊長古屋佐久左衛門が乗りこんで来た。

「河井先生、ここは乾坤一擲《けんこんいってき》、奴等を追っ払い、勝利を手に致さねば」

負け続きの古屋はなんとしても勝ちたいと闘志を燃やす。

「我らも思いは同じ、官賊を殲滅《せんめつ》いたす」

桑名の立見が言った。

二十歳そこそこにしては立ち居振る舞い、言葉使い、どれをとっても官兵衛の及ぶ所にあらず、継之助はそう思った。

後年、陸軍に入り、同盟軍で最初の陸軍大将になっている。薩長閥を押し退けての大将である。

会津の一瀬は温厚な人柄で、会議の前に、

「官兵衛は気が立っておる故、失礼を申し上げた」

と詫びた。

冒頭、挨拶に立った継之助は、

「戦機すでに失し、勝敗の趨勢《すうせい》明らかなりとの見方もあるが、王師に名を借り、我が封土を蹂《じゅう》躙《りん》せんとする薩長の兇暴をこれ以上許すことはできず、参戦を決意した。かくなる上は全藩火の玉となって玉砕を覚悟で戦わん」

と決意を述べた。

継之助の手元には薩長軍に関する正確な情報が入っていた。兵力、資金、武器弾薬の備蓄、運搬、どれをとってもこちらをはるかに上回っている。その相手と戦うのだ。

命を惜しむ気など毛頭ない。それが玉砕の言葉となって表れた。しかし悲壮感だけでは戦えない。

「なあに、あの鼠どもに負けるわけはござらん」

と皆に安堵感を与えた。

諸般の事情で開戦が遅れたことは率直に認めるとしても、米沢や庄内、村上なども応援に来よう。スネル兄弟も間もなく新潟に姿を現すだろう。

継之助は列藩同盟という連帯に身を任せたことで、心の迷いは消えた。官兵衛もこれまでのことはけろりと忘れ、

「雨さえあがれば、朝日山など半日で落としてくれるわ」

と威勢がいい。二人のわだかまりは、とうに消えた。

榎峠奪回

翌十日早朝、朝陽《あさひ》を浴びて、榎峠の奪回を目指す同盟軍の兵が摂田屋を出た。

右縦隊が萩原要人を隊長とする長岡四小隊と会津藩佐川隊である。

左縦隊は川島億次郎を隊長とする長岡四小隊と会津藩萱野隊、桑名藩諸隊である。

この朝、敵の軍監岩村精一郎は、小千谷の本営で悠々と食事をしていた。継之助を見くびり、朝日山一帯に上田藩や尾張藩など少数の兵しかおいていない。

伝令の知らせで気付いた時は、榎峠は同盟軍に占領されていた。

怒った山県有朋は翌朝、薩摩、長州の精鋭を渡河させ、同盟軍の陣地に雨霰《あられ》と銃弾を浴びせた。

実戦になると会津の佐川官兵衛は強い。

桑名の立見鑑三郎の雷神隊、会津の萱野右兵衛隊、長岡の安田多膳隊を朝日山に向かわせ、両方から攻撃する作戦を取った。

立見は麓の村から人夫を徴発して陣地を築かせた。雨のなかの陣地造りは困難を極めたが、夜半までには完成し、翌朝には対岸の敵に砲撃を浴びせることができた。

米、味噌、漬物、野菜なども運びあげ、炊き出しも始まった。村をあげての戦争である。だが、戦争が始まってみると随所に作戦の誤りがあった。

ここは長岡領である。塹壕を事前に掘り、兵を配置しておけば占領されずに済んだであろうし、人夫も集めておけるはずだった。継之助の決断の遅れと、長岡軍の戦闘経験のなさがもろに響いた。

砲声

砲声は長岡の町にも間断なく聞こえ、うめき苦しむ怪我人が、ひっきりなしに運ばれて来る。激戦であることは明らかである。

継之助は彦助と寅太を連れて殿町の野戦病院に駆け付け、怪我人を見舞った。

多くは銃弾で手足の骨を砕かれ、外科医が押さえ付けて弾を抜いた。戦死者も出ていると聞き、家族のことを思い身を切られる辛さを覚えた。

戦争は頭に描いていたものと大きく違っていた。いくら苛立っても思うように伝令は来ない。本営からもひっきりなしに人を出すが、鉄砲玉のように行ったきり帰って来ない。

兵糧は、弾薬は、怪我人は、あれこれ思いをめぐらすが、ほとんどが一方通行である。人夫が足りず武器弾薬、兵糧が運べない。彦助と寅太が人夫集めを仕切ったが、賃銭を払わないとすぐ逃亡してしまう。その管理も容易ではない。

戦争は常識や理性をはるかに超えたものであり、これほど凄惨なものなのか。

さすがの継之助も狼狽《うろた》えた。

大将は毅然たる態度を貫かねばならぬと思いながらも、額に汗を浮かべ、苦悶する継之助だった。

十二日、朝日山占領の知らせが入ったとき、継之助は本営を飛び出し、朝日山の方向を見やって初めて安堵した。

「寅や、肩もめや」

寅太に体をほぐしてもらい、本堂の奥に入って横になったが、目が冴えて眠れない。結局、一睡もできなかった。

その頃、敵の本営小千谷も混乱を極めていた。榎峠、朝日山の二つの要衝を奪われ、

「何をやっているのか」

と山県有朋は激怒し、そこらのものを蹴飛ばした。ここを奪回しないと、長岡城を突けない。

「お前がたるんでるからだっ」

岩村精一郎を怒鳴りつけた山県は、北越戦の指揮を執ることになっていた同士の時山直八《ときやまなおはち》に攻撃を命じた。

松下村塾でともに学び、数々の修羅場をくぐってきた無二の親友である。年も三十と同じである。

「任せてくれ」

時山が言った。

奪回するには増水の信濃川を渡河しなければならない。前日より水かさが増し、轟々と音を立てて流れている。

この日も朝から土砂降りの雨である。

槍隊の安田は渦巻く濁流を見やり、

「天が我に味方したんだや」

と胸をなでおろし、川を見下ろす絶景の地に大砲を据え、ほくそ笑んだ。

ところが時山は八人のこぎ手を使って前夜、雨の濁流を渡って朝日山の崖下に潜み、翌十三日早朝には朝霧に乗じ、奇兵隊三小隊と薩摩一小隊二百を渡河させ、突撃して来た。

不意を突かれた前衛の会津藩萱野隊は、

「粉のごとく打ち負けられ、右往左往に散乱、谷に転がり落ちる者数知れず」（『戊辰桑名戦記』）と敗れた。

安田隊の塁にも敵が迫った。濃霧のなかから間断なく銃を発射し、鬨《とき》の声をあげて山を登って来る。

「突っ込むぞッ」

安田は鬼のような形相で槍を構えた。すると、傍らに陣を敷いた桑名の立見が、

「待て、待てっ、同士討ちになるぞ」

と止め、敵が迫るや、やおら大声で、

「敵十五、六人を倒したり。分捕り、その数を知らずっ。もはや味方の大勝利なり。なお奮戦し、一人残らず討ち取るべし」

と叫んだ。

相手がひるんだ隙に、立見はすかさず、

「突っ込めえ」

と銃を乱射して飛び出し、安田隊もそれっと突進した。そこへ敵の参謀時山直八が奇兵隊旗を手に持ち、

「怯《ひる》むな、怯むなあ」

と駆け上がって来た。

運命のいたずらであろうか。一陣の風が吹いて霧が晴れた。敵の姿が手に取るように見えた。

「撃て、撃てッ」

立見が絶叫し、衝鋒隊の三木重左衛門が狙い撃つと、時山はもんどり打って倒れ、息絶えた。

敵逃亡

さしもの奇兵隊も参謀を失い茫然自失、駆け寄って首を切り落とし小脇に抱えるのがやっとで、後はばらばらになって逃げた。

「逃がすなッ」

立見の追撃に追われた奇兵隊は崖から落ちて三十数名の死傷者をだし、同盟軍の大勝利となった。あまりの惨敗に山県有朋は頭を抱えて座り込み、時山の首を抱き締め、

「なぜ、死んだあ」

と号泣した。

「余は前方の危急を知り、急ぎ進むこと、数町ならずして敗兵が時山の首級を持って帰って来るのに出会った。敵の追撃、急にしてその死骸を収むる暇がなかったという。余ははらはらと

涙を流し、三十数年前の光景がいまも眼前にあり、涙が衣服に滴るのを禁ずることができない」

後年、山県はこう回想した。

この時、摂田屋の継之助は第二次攻撃の準備に入っていた。米沢藩出兵の報に接し、米沢、長岡の連合軍で、小千谷の敵本営を衝く大作戦である。

米沢軍は十八日には到着するはずになっていた。しかし待てども姿が見えない。しかしグズグズしてはおられない。

「よし、十九日夜、渡河作戦を決行する」

継之助は前島に布陣する牧野図書の大隊に命令を発した。米沢兵の姿が見えないなかでの決断である。

危険は承知だが、いま攻めなければ、攻め込まれる。先手必勝の局面だった。

「総督、二日ほど早まらぬものか」

軍事掛の三間市之進が言った。

川を挟んで連日の砲撃戦である。弾薬の消耗も激しく、足りなくなっている。こうなれば雨のなか、一気呵成《いっきかせい》に攻めた方がいいというのだ。しかし米沢を待つという方針を継之助は変えなかった。

米沢藩は十八日になっても来ない。

継之助は焦った。

もう待てない。

やるしかない。

継之助は十九日夜の決行を牧野の大隊に伝えた。兵四百で小千谷を衝くことは無理としても、敵の侵攻を食い止めることはできる。

継之助は前夜、晴々と照る月に武運を祈った。

山県の電撃作戦

その頃、敵将山県有朋も、十九日早朝、信濃川の濁流を一気に乗り切り、直接、長岡城に攻め入る電撃作戦を立て、

「時山のあだ討ちだ。一気にけりを付けよ」

と奇兵隊に檄を飛ばした。

薩摩には知らせず、長州の独断決行の形を取った。激烈な薩長の先陣争いである。

継之助はこの朝、摂田屋にいた。けたたましい伝令の声で敵が渡河したことを知った。外は濃い霧である。

「しまった」

継之助は青ざめた。

米沢を頼ったおのれの弱さを悔いたが、もう遅い。

「寅や、機関砲隊にすぐ出るよう伝えよ」

と叫ぶやいなや、馬に飛び乗り、城に駆けた。衝鋒隊の古屋佐久左衛門と会津藩総督の一瀬要人がすぐ後を追った。

ズシン、ズシン
両軍の砲声が轟き渡り、藩士の家族や町民が背中に荷物を背負って逃れて来る。町のあちこちに火の手も上がった。

阿鼻叫喚《あびきょうかん》の坩堝《るつぼ》である。

同盟軍の主力は朝日山と榎峠にいる。その間隙を見事に衝かれたのだ。

三好軍太郎《みよしぐんたろう》率いる長州勢二百と大砲一門が、霧のなかから、わっと現れた。

奇襲攻撃である。

不意を突かれ長岡兵は各自の持ち場を離れ、右に左に走り回り、統制のとれない烏合《うごう》の衆と化した。

継之助は真っ直ぐに中之島の兵学所に馬を乗り入れた。

「殿はいかが致したッ」

「花輪さまが誘導され、避難なされました。小林虎三郎さま、良運先生もご一緒でござる」

「なんのこれしきの敵、砲を引けッ」

継之助は駆け付けた機関砲隊からガットリング砲を手元に引き寄せ身構えた。しかし敵は散開して攻めて来る、姿が見えない。

「よし」

継之助はガラガラと砲を引き、城の正面に機関砲を据えた。敵が四方八方から銃撃してくる。

継之助は渾身の力を込めてガットリング砲を放った。衝鋒隊の古屋も砲を手にした。

ダダダ、ダダダ
弾丸が間断なく飛び出し、数人の敵を一瞬に屠ったが、惜しむらくは砲身を左右に振れず、一方の敵にしか砲撃できない。

継之助はもどかしかった。

「畜生めッ、こんなはずではないぞ」

継之助はなおも撃ち続けた。

その時、一発の銃弾が継之助の肩をかすめた。幸いかすり傷だったが、敵の勢いは、長岡勢をはるかに上回り、押しまくられる一方である。

長岡落城

到底、城を守り切れない。

「悠久山《ゆうきゅうざん》に退く」

継之助はガットリング砲を破壊し、城に火を放ち、怪我人や老若男女を連れ脱出した。

敵は次々と町屋に火をつけ城下は大混乱である。なんとしたことか。皆に合わせる顔がない。

継之助は、茫然と周囲を見渡すしかなかった。

悠久山からは赤々と燃える城下の様子が夜どうし見え、泣き叫びながらわが子を探す母親の姿が、継之助の心を切り裂いた。

翌朝、継之助は全軍に主君のいる栃尾《とちお》に撤退を命じた。

この夜、継之助は老公雪堂公と主君忠訓公に苦渋の対面をした。

「継之助、余も皆の者と苦労をともにいたすぞ」

老公の言葉に継之助は感泣した。二人はここから会津に向かった。

山県有朋の素早い攻撃は、継之助の予想をはるかに超えるものだった。

開戦以前に小千谷を占領されたことが、いまにして思えば痛恨の極みだった。

継之助は英雄の人ではあったが、戦闘に関しては、山県の方が場数を踏んでいた。

加茂に集結

列藩同盟軍は、新潟と長岡のほぼ中間になる加茂《かも》に本営を置いた。ここは桑名藩の預かり地で、長岡からほぼ十里の距離にある平坦地である。

信濃川の水運基地で、交通の便がよく、人情も厚く、背後に村松藩を控え、絶対死守の防衛基地に最適であった。

継之助は加茂に向かい、同盟軍の諸将に油断を詫びた。

継之助は最後まで参戦に反対していた川島億次郎のことが気になっていた。

その川島も加茂に来た。

山本帯刀や花輪、三間らの姿もあった。寅太と松蔵も輪のなかにいた。

有名な加茂の軍話である。

「俺の油断だ、許せッ」

継之助がわびると、

「総督のせいではない」

と川島が弁護し、

「我らに非がある」

皆が自分を責めた。

「よし、必ず勝つぞッ」

継之助が気合いを入れ、同盟軍は見附口、与板口、栃尾口で、新たな気持ちで長岡奪回を目指すことになった。

開戦早々の落城は継之助の決断の遅れと兵の油断であり、兵力に決定的な違いがあったわけではない。

それだけに悔しかった。継之助は苦境のなかから這い上がるべく、軍団の再編制に奔走した。

「今度は米沢が大将だ。よろしくお願いしたい」

会津の佐川官兵衛も弁護してくれた。

問題は米沢藩だった。米沢は当初から腰が定まっていなかった。

米沢江戸藩邸では、江戸は薩長の天下であり今や幕府の力は何一つない、米沢も早急に薩長軍に加わった方が得策という意見で、固まっていた。新発田藩もそうした動きにあった。

勝つ方につくという計算である、

「いいか、なんとしても冬まで持ち越せ、雪が降れば、こっちのものだ」

継之助は長岡の全軍に胸のうちを伝えた。

寒風吹きすさぶ冬となれば、暖地の兵は手も足も出まい。そのとき、総攻撃を掛け、敵を国境から追放する。

継之助は冬に期待を寄せた。

暗い話が多いなか朗報もあった。スネル弟の補給作戦が軌道に乗り、次々に外国船が入って来た。長岡だけで一日に十万発の弾薬を使っている。小銃の破損もひどい。

スネル弟が運び続ける限り、敵にひけを取ることはない。

桑名や衝鋒隊に疲れはあるが、会津は運命共同体として越後に尽くすことを再度表明し、主君も預かっている。

決して負けることはない。

継之助は自分に言い聞かせた。

覚悟

五月末である。

継之助は長岡への総攻撃を決断し、三条の宿に会津の佐川、衝鋒隊の古屋と今井信郎を招き、決起の宴を張った。

「長岡城を回復せぬときは、再びお目にかかることはござらぬ」

継之助は並々ならぬ決意を披瀝し、皆に別れの酒を振る舞った。

将たる者、弱気を見せることは禁物だが、おのれの責任をどこかで取らねばならない。

おのれが死ぬことで、問題が解決するわけではないが、大将が死を怖れては、部下を戦場に出せない。

継之助はそう考え、覚悟を決めた。

継之助は六月一日夜半、豪雨のなかを中之島に向けて出陣した。佐川隊、古屋隊も一緒である。

いたる所で堤防が切れ、一帯は泥海である。筏を組んで中之島に渡り、明け方最初の敵陣を急襲した。

林のなかで雨宿りしていた敵に、

「ワァー」

と喚声をあげて突っ込むと、敵はばらばらに散乱し、中之島の保塁は同盟軍の手に落ちた。なおも進み敵本隊と四時間に及ぶ銃撃戦を演じ、村落に火を放ち、抜刀して斬り込み潰走させた。

生きるか、死ぬか。死にもの狂いの戦いである。官兵衛や古屋、今井の命懸けの支援に感動を覚えた。

与板口《よいたぐち》も善戦していた。

ここには会津萱野番頭隊、桑名雷神隊、水戸脱走兵、村上、上山藩兵ら七百人余が布陣していた。

戦闘の決め手は武器弾薬である。

スネル弟は西堀の勝楽寺を事務所とし、武器や洋式小間物の販売を始めていた。

加茂の本営に新式銃が運ばれ、新式銃を装備した同盟軍が敵を押し返す日も近いと思われた。

スネル弟が来て以来、同盟軍の戦闘力は格段に上がっていた。

長州の奇兵隊も苦戦に陥り、山県も焦っていた。

　五月二十七日、長岡の諸兵、今町、見附に進むが賊、地の利を得て間道《かんどう》よりしきりに我が後ろに出る。同二十八日、与板の兵、山手本道より進む。賊の勢いははなはだ鋭し。

敵将山県の日記は苦しみに満ち、

「信濃川の右岸は今町を取られ、見附も守れず、僅かの兵でこの延びきった戦線を守るのは、寒気がする思いだ」

と江戸に書簡を送り、しきりに軍艦の派遣を要請していた。

越後の同盟軍の最大の弱点は、海軍がないことだった。敵は兵員、弾薬の輸送に船を使っている。

新潟に軍艦があれば、敵の輸送船を撃沈させ、補給を断つこともできる。

そこで会津藩や仙台藩は、旧幕府がアメリカに発注した甲鉄艦ストン・ウォール号が横浜に着いているので、これを手に入れるべく至急、列藩の代表を横浜に送りたいと考えていた。

新潟の海

もう初夏であった。

新潟の海はぎらぎらと陽光に輝き、まぶしさをましている。新潟港には砲台がない。

そこで会津藩の梶原平馬がスネル兄の指導のもとに、四カ所に突貫工事で砲台の建設を進めていた。しかし軍艦がない以上、沖合の船には手の出しようがない。

五月末には薩摩の軍艦乾行丸《かんこうまる》と長州の軍艦丁卯丸《ていぼうまる》が寺泊《てらどまり》に現れ、六月一日には新潟沖に現れ示威行動に出た。

同盟軍は順動丸一隻しか保有していない。

英国製で文久二年に幕府が購入した船である。価格は十五万ドル。長さ四十間余、幅四間三尺、四百五トン。三百六十馬力の機関を積んでいる。

乗員は約七十人。佐渡、酒田、箱館に行き、武器弾薬、兵糧の調達に当たり、柏崎や出雲崎の同盟軍に軍需物資を輸送していた。

その順動丸も薩長の軍艦に攻撃され、ただ一隻の蒸気船も失われていた。

外交面では列藩同盟を独立政権として諸外国に認知させることが急務だった。

同盟軍参謀の梶原平馬も多忙だった。

スネル兄弟の店には前線からは小銃や弾丸を求める伝令がひきも切らず駆け付け、武器弾薬が飛ぶように売れていた。

血相変えて飛び込んで来る兵士たちは、来るや否や水を求め、それを一気に飲み干し、できるだけ多くの銃や弾丸を買おうとした。

店にはスネル兄弟の妻や召使、手代、黒人のボーイがいて二十畳ほどの大広間にテーブルがあり、その上にビールや水菓子、煙草などが並べられていたが、前線の兵士に手を付ける者はなく、一刻も早く戦場に戻っていった。

迷う新発田藩

新発田藩は態度を決めかねていた。江戸詰めの重臣が、「時代は薩長だ、長岡は勝てない」と強く主張し、列藩同盟からの離脱を強く求めていた。

小藩の生きる道は賢く流れを見ることだった。米沢は越後に出る場合、新発田を通る。ここを封鎖されると、越後には出られなくなる。事態を重視した米沢藩は軍監を遣わし、藩主の同行を求めると、数百人の農民が法螺貝《ほらがい》を吹き、手に竹槍や棒を持って木戸口に集まり、一斉に阻止にでた。

数十人の米沢藩兵では、とても鎮圧出来ない。そこで長岡、米沢、会津、桑名、村上から兵を出し攻撃すると伝えると、ようやく同盟に加わる意向を示し、前線に何人かの兵を出したが、これ以上、新発田藩を責めることも出来ない。

百姓一揆が全体に広がれば、混乱は避けて通れない。新発田は頭痛の種だった。新発田藩は表面上、軌道を修正したことで、列藩同盟の結束も固まり、弥彦に村上藩の三大隊、加茂に米沢の四大隊、上山の兵一大隊が出撃、陣を構えた。

スネル兄弟のおかげで銃も行き渡り、各地の戦闘で一中隊の弾薬消費量は一日一万五千発にも及んだ部隊もあった。

かくて薩長の精鋭も押され気味で、戦いは五分と五分、六月の中旬からは、戦争は膠着状態となったが、長岡を奪還しない限り、同盟軍の勝利にはならない。

継之助の双肩にすべてがかかった。

継之助は紺がすりの袷《あわせ》に平袴を着け、下駄を履き、旭日を書いた軍扇を手に、ときには白馬にまたがり各地の戦場をめぐり、激励叱咤に努めた。

六月二十日の夜、長岡、会津、米沢の三藩の兵士が長岡の目と鼻の先の福島村を急襲した。兵士たちは福島村の保塁に突撃、敵十数人を打ち倒し、武器弾薬、食糧、衣類など多数を分捕り、砦を占領する戦果をあげた。

しかし守るのは容易ではない。新たな敵の逆襲を受け、同盟軍は四十人もの戦死者を出し、退却を迫られた。戦死者のなかに米沢藩一番散兵隊長千坂多門がおり、米沢藩首脳は大きな衝撃を受けた。

悲惨な捕虜

接近戦になるにつれて捕虜も増えた。

薩長を除くと、お互いに制服があるわけではない。敵味方の識別が難しい。このため捕虜が多くなったが、捕らわれたら最後、結末は悲惨だった。

市中を引き回され、指を切り落とされ、腹を割られ、散々痛めつけられ殺され、これ見よがしに木に縛りつけられた。

米沢藩中條豊前隊の日記に、虐殺された隊員の生々しい描写がある。

兵は恐怖心にとらわれ、動けなくなり、戦場に出ても戦おうとしない。発狂する者も出る始末で、戦場から逃亡の恐れさえ出はじめていた。

同盟軍は六月二十日ごろから兵を休養させ、補給に全力を尽くす作戦に切り換えた。しかし世のなか、よかれと思った施策が、足を引っ張る事もある。

どこから来たのか、各藩の陣営には遊女が集まり、兵士たちに酌をしたり、身を売ったりして風紀の乱れが起こった。

また家族を捜すため脱走する兵が出たり、反対に夫や息子を捜して、戦場を駆け回るけなげな女の姿もあり、戦場には悲喜こもごも、さまざまの風景があった。

米沢惨敗

米沢藩は戦場に遅れて来た負い目があったので、先頭に立って戦った。

米沢には戦争に勝てば上杉謙信以来の越後に戻れるという野望があった。戻れなくても領地は増える。そのためには抜きんでた戦果をあげねばならぬ。それが皆の心のなかにあった。その米沢藩が惨敗した。

七月二日早朝、「虎、雲」を合言葉に豪雨暗黒のなかを白鉢巻きも凛々しく、米沢を先鋒に、同盟軍が長岡近郊の百束《ひゃくそく》村に攻め入った。

この日もひどい豪雨で、一面、膝まで没する泥田である。そこを槍を手にした米沢の決死隊が進んだ。

不意を突かれた敵は狼狽して逃げ、保塁を奪ったが、支え切れずまたも逆襲に遭い、二人の隊長を失い、戦死四十人余、行方不明二十人近くを数える惨敗を喫した。これで米沢藩の腰が引けた。

「かくなる上は、我らの手にすべてがかかっている」

継之助は長岡突入を決断した。

七月十一日、継之助は長岡奪還作戦を伝えるため、栃尾の米沢藩本営に出かけた。

「もとはといえば、長岡を奪われたことにある。皆さんに大変ご迷惑をかけ、申し訳ない」

継之助は頭を下げ、長岡奪還作戦の実施を報告し、図面を広げた。

「密偵の報告によれば、城下は極めて手薄、八町沖の湿地を潜行いたせば、長岡を奪還することと必ずでき申す。先鋒は我が長岡が相務める。成否は五分五分なれど自信はござる」

継之助は断言した。継之助はその足で会津の陣営に行き、官兵衛に伝えた。

「腕が鳴っておったわ。河井どのを皆で男にしてみせようぞ、酒だ、酒だ」

官兵衛は顔を真っ赤にして叫んだ。

早速、桑名の山脇十左衛門も加わった。

「河井どの、一つお聞きしたいが、貴殿はふたこと目には幕府の肩を持つが、幕府なんてろくなもんじゃない。旗本などという手合いは人間の屑みたいな連中だ。誰一人、戦おうとしないではないか。衝鋒隊の古屋君、今井君、皆、旗本ではない。だいたい、将軍が我々を置いて逃げ帰ったのだぞ」

と山脇は荒れた。

突入作戦

七月十七日、栃尾の本営で同盟の首脳会議を開き、継之助は二十日決行を宣言した。

長岡藩数百が正面から突入、会津、米沢、桑名、村松藩兵、衝鋒隊が側面から援護する特攻作戦である。

山本帯刀、牧野図書、稲垣主税の三大隊長と川島億次郎、三間市之進、花輪馨之進の三軍事掛が頬を紅潮させ、継之助の傍らに並んだ。

継之助は各藩に箝口令《かんこうれい》を敷いた。

敵の本営には尊王派と称する連中が出入りしていて、その手先がうようよし、継之助はいつも見張られていた。

誰が味方で誰が敵か、判別は困難であった。あくまで敵の裏をかき、奇襲することである。

前日の十九日は栃尾に全部隊を集結し、声をあげて示威行動を繰り広げ、敵の目を引きつけておいて夜間、ひそかに八町沖に潜行する作戦を取った。

沼を渡れば、あとは一目散に突入する。会津、米沢は側面から砲火を浴びせる仕組みである。

事前に漏れれば、飛んで火にいる夏の虫だ。隠密がすべてである。

決行の日は折悪しく、朝から篠つく土砂降りの雨であった。作戦は中止となり延期された。

第十章　世紀の大作戦

作戦決行

二十三日、ようやく晴れ間が見えた。

「明夜半、決行致す」

継之助は各部隊長に指令を出した。

長岡軍に緊張が走った。

本営の周辺には見張りを立てた。不審者は容赦なくひっとらえ監禁した。

慶応四年（一八六八）七月二十四日。陽暦九月十日である。

秋を告げる鰯雲《いわしぐも》が越後の空に広がっている。継之助は早朝、将兵全員を本営に集めた。

全員、真新しい軍装に身を包み、背筋を伸ばし、毅然たる姿である。

「我が藩二百五十年来の居城を失い、遺憾の極みである。今夜、八町の沼を潜行し、一挙に城を回復せんとす。我が兵、僅かに数百たらずとなり、いまや死地に突入するほか残された道はない。城址の露と消えなば本望である。死を決して突撃を敢行する」

継之助はかっと目を見開き、拳を振りかざして叫んだ。目は鋭く光り、声は雷のごとく轟いた。

皆、感激で胸が震え、直立不動で食い入るように継之助を見つめた。

誰もがこの日を待っていた。

昼過ぎには各隊の使番を集め、自ら書いた書付書、口上書、手配書、心得書を渡し、全員に酒肴代として金二朱を支給した。

継之助は一月ほど前から、この日のために準備をしてきたのである。

書付書には、

「薩長の姦賊が幼い天子を欺き、不正の乱を起こし、万民を塗炭の苦しみに陥れた。拙者、小千谷に赴き、万民の苦しみを救おうとしたが、薩長は傲慢無礼《ごうまんぶれい》の振る舞いで聞き入れず、遂に今日の事態になった。

不倶戴天《ふぐたいてん》の敵は眼前にある。賊軍を追討し、御城下を回復、主君をお迎えし、万民を救うほか我が輩の勤めはない。一同、死力を尽くし相勤めるべし」

と、記述し、口上書には、

「死ぬ気になれば生きることもでき、疑いもなく大功を立てられるが、死にたくない、危ない目に遭いたくないという心があると、生きることもできず、汚名を後世まで残すことになる。身を捨ててこそ浮かぶ瀬もある。よくよく覚悟を決め、大功を立ててほしい」

と噛んで含めるように説いた。

戦場での行動も事細かに決め、白木綿の振り旗を味方の印とし、胴に同じく白木綿を巻き、合言葉は誰、川と決めた。さらに、
決して退いてはならぬ。

潜行中、敵が打ち掛かって来ても、発砲を禁ずる。真っ直ぐに突入せよ。

敵地に入っては、討ち死、手負いとも構わずともよい。

大隊長傷つけば、小隊長が代わり、小隊長倒れれば、次の者が指揮を執るべし。

乱戦になっても決して離散してはならぬ。隊長を見失わず、隊長の命令に従って行動。飯は三食分、弾薬は百五十発ずつ持参し、三十発は用心のため残すべし。城下に打ち入った際は、長岡の人数二千人、城下へ死にに来た、殺せ殺せと叫ぶべし。などの指示もなされた。

決死の時

午後四時、器械方から隊員に、弾薬百五十発と三食分の食料、切り餅二十一個と青竹一本が渡され、夕闇が迫る頃、太鼓の音を合図に、前軍が出発した。

陽は西に没し、わずかの残照が将兵を照らした。炎暑はすっかり影をひそめ、爽やかな風が吹いた。

前軍は大隊長山本帯刀、軍事掛川島億次郎の四隊百六十人余である。

第二軍は三間市之進指揮の四隊百二十人余である。

太鼓が打ち鳴らされ、花輪馨之進率いる第三軍百六十余人が姿を現した。

後軍は大隊長牧野図書の三隊百四十人余と大隊長稲垣主税の二隊七十人余である。長岡に突入後は市中の警備に当たる。

皆に栄光あれ。継之助は神に祈った。

継之助の周辺を固めるのは軍目付、使番、日誌方、勘定方、医師、弾薬運搬方、鼓手、従卒の寅太や貞五郎、忠一郎と従僕の松蔵ら合わせて数十人である。

計十七小隊、六百九十人余の長岡兵団は、隊列を組んで栃尾の町を後にし、日没の八町沖に向かって進んだ。

側面から支援する砲兵隊は田井や育東に布陣した。

雲の隙間から僅かに星が出ている。

月光も時おり漏れてくる。

やがて目の前に八町沖が広がってきた。遠くに敵の篝火が赤々と見えた。

八町沖は約一里の長さである。

ここを越えれば夢にまで見た長岡の町である。城を奪い返し、その後、どうするか。継之助はそれを考えていた。

前軍が沼に足を踏み入れ、第二軍、第三軍も沼地に消えた。

「寅や、参るぞ」

継之助の本部梯団が葦をかき分け、第三軍を追った。湿地に足を取られ、容易ではない。

前哨兵が川舟や戸板を集めて仮橋を架け、道に迷わないように、要所要所に白い小旗を立てているので助かるが、それがなければ、深みにはまってしまう。

寂々《じゃくじゃく》蓼々《びょうびょう》たる沼地を兵は音も立てずに進んだ。

夜半に雲が切れた。

東山に皓々と月が照った。

まるで白昼のような明るさである。

月が隠れるのを待つしかない。

生きるか死ぬか、決死の時である。

従卒や従僕は来るに及ばずと家に帰したが、皆、舞い戻って来た。

松蔵は継之助の家族を捜し出して両親や妻の無事を確認し、

「旦那さまは、戦のことだけ考えてくだしゃれ」

という妻の伝言を持ってきた。

寝ても覚めても継之助を気遣い、そばを離れない寅太や松蔵である。彦助が敵に囚われ、荒屋敷の獄舎に繋がれていることが分かっている。

寅太は真っ先に飛び込み、彦助を助けるつもりでいる。

月が隠れ、また歩きだす。真ん中辺りに大川があり、その一帯は深田で膝まで没する難所である。

時々、よろけそうになる継之助を寅太や松蔵が懸命に支える。

渡沼作戦を援護するため砲兵隊が攻撃を開始した。双方の陣地から砲弾が飛び交い、時折、喚声も聞こえる。壮絶な戦いのはじまりであった。

敵陣が目の前にあり、話し声も聞こえた。前線から進撃の命令を求める声がしきりである。

継之助は全軍の集結を待って、午前四時、突撃の命令を出した。

前哨兵が敵の従卒を捕まえ、保塁の敵兵の数を聞き出すや、大川市左衛門の銃士隊が喚声をあげて突進した。

各隊から一斉に狼煙があがり、前軍、第二、第三軍は周辺の敵を一掃し、後軍が火を放ちながら城下に突入した。継之助は、

「山県の首を取れ」

と指令も出していた。

継之助も五間梯子の藩旗をかかげて走った。敵は突然の襲撃に反撃を忘れて逃げ惑い、烏合の衆となって、逃走した。

「勝ったぞおッ」

継之助は絶叫し、馬を分捕って飛び乗り、城に駆けた。道端に数人が転がっている。なかに白木綿の味方の兵もいた。

「長岡勢が戻ったぞう」

長岡の町は興奮の坩堝《るつぼ》と化した。

老婆は道端に平伏して涙を流し、女たちは夫や息子の姿を求めて叫び歩く。竹槍や鎌を持った老人がのこのこ出て来て、

「官賊を叩き斬れっ」

と辺りを徘徊し、子供たちまでが敵の動きを知らせて来る。

この場面を司馬さんは『峠』でこう描いた。

やがて大手通りには酒樽が山と積み上げられ、鏡を抜いて兵士たちの労苦をたたえ、女たちは長岡甚句を唄い、踊りだす騒ぎである。菓子屋は菓子を積み上げげ、魚屋は魚をだした。

皆、勝利に酔いしれ、長岡軍を称えた。山本帯刀の第一軍がこの辺りを仕切り、次々に駆け付ける人々の挨拶を受けている。

「河井さまは御無事かや」

皆、一様に継之助の安否を問うた。

無事と聞いて安堵した。

この場面、地元には異論がある。

進撃に当たっては、長岡兵は薩長兵が寝泊まりしている新保の集落の農家を焼き討ちしており、『長岡郷土史』に焼き討ちに遭った農民の怒りの声も収録されている。この方が正しいだろう。

農民の犠牲の上に立てられた作戦だった。


陽が昇って陽光が城を照らした。

何カ月かぶりで見る我が城である。城門や櫓は無残にも焼け落ち、見る影もないが、感慨もひとしおであった。

継之助はぶるぶるっと体を震わせ、城を一巡した後、二の丸の地下に埋めておいた金庫を掘り出させた。千両箱が出てくると、

「おうおう」

とうなずき、

「奴等も間抜けだでや」

と子供のように笑った。

「大勝利だ。ご苦労、ご苦労」

声をかけ、武器庫のなかに入ると、敵の大砲がごろごろ放置され、その数はゆうに百門はあった。弾薬に至っては何千箱もある。衣服、兵糧、金までもある。

続々兵士が集まってくる。

そのなかに寅太と彦助の顔があった。

どの顔も安堵と疲労で、どす黒くなっていた。衣服はドロドロに汚れ、頭から血を流し、倒れている者もいる。

べたりと地面に座り込み、放心状態で眠りかけている者もいる。どこでどうなったのか、鉄砲も刀もない。

「米沢藩の姿が見えぬ。違約だ」

川島がうめいた。

米沢藩兵の姿がなければならない。これではとても追撃に移れない。

継之助も焦った。

米沢は二重の不運に見舞われていた。本隊が布陣した押切村には強力な薩摩の砲隊がいて雨霰と砲弾が打ち込まれ、あっという間に多数の死傷者を出してしまった。

会津の佐川がかけ合い、千坂が鬼気迫る形相で叱咤し、午後になってようやく前進を始めたが、兵は思うように動かなかった。

やがて、婦人たちが握り飯を配り、白湯を飲ませ元気づけた。

一方、敵将山県は寝入りばな、

「今町方面に火の手が上がった」

と起こされた。時計を見ると朝の一時であった。念のため斥候を出すと、長岡勢が町はずれに押し寄せたという。

「なんだとッ」

慌てて飛び出し、会津征討越後口参謀の西園寺公望卿に告げ、前原一誠の宿舎に駆け付けると、前原は屋上に上がって、

「愉快、愉快じゃ」

と快哉を叫んでいた。

「ばか者、敵襲だ、敵襲だ」

「ええッ」

前原が慌てて屋上から降り、錦旗を手に妙見村まで逃げた。

山県は退散してきた兵を叱咤し、勝利に酔いしれているであろう長岡城の奪還を命じた。

本来、継之助は米沢の支援のもとに小千谷に総攻撃をかけるつもりでいた。

「人はあてにならぬものだでや」

そうつぶやいたときである。

激戦新町口

「新町口、敵襲ッ」

突然、伝令が駆け込んだ。

ここは三間の持ち場で、配下の精強部隊が保塁に齧《かじ》り付き、なんとか支えようとしたが、薩摩藩兵が小太鼓を鳴らして突撃を繰り返し、死傷者が続出、いくつかの胸壁が破られた。

「退くな、退くなッ」

三間は兵や人夫を叱咤《しった》激励《げきれい》し、防戦に努めたが、薩摩兵は城に迫る勢いである。

「寅や、こうしてはおれぬぞ。彦助は残れ」

継之助は三間の危機を救うべく、新町口に向かった。

寅太と貞五郎、忠一郎が継之助を囲んで足軽町をくぐり抜け、新町に出ると、ヒュンヒュンと唸りをあげて弾が飛んで来る。

「総督、気を付けてくだされ」

寅太が言った。

「こんなひょろひょろ弾に当たるもんか」

継之助が怒鳴った。

長岡の町には雪よけの雁木《がんぎ》がある。継之助らはこの下を走った。しかし銃撃がますます激しくなったので、敵からは見えない右側の雁木に移ろうとして往来に出たとき、継之助の体がはね飛ばされ、足に激痛が走った。

「あッ」

と思わず声をあげ足を見ると、左膝から鮮血が噴き出ている。

「なにくそ」

と立とうとしたが、よろよろと崩れ、ばったり倒れた。

「総督ッ」

寅太が駆け寄り抱き起こしたが、出血がひどい。弾も激しく飛んで来る。

「早く、運べッ」

「せんせい、しっかりしてくだされ」

寅太らが継之助を抱えて雁木の裏に運び、貞五郎が懐から白木綿を取り出し、傷口を包んだ。

早く病院に運ばなければならない。

寅太は井戸の釣瓶《つるべ》縄《なわ》を切って来て戸板で急ごしらえの担架を作り、継之助を乗せた。

「頭が北を向いてるぞ。南だ、南ッ」

継之助が怒鳴った。

皆、気も動転しているので、南も北も分からない。

継之助の顔が見る見る蒼ざめた。

慌てて南に直し、二、三歩、担ぎ出した。

「血が多くでたから顔色が悪いかもしれぬが、なあに命に別条はなかろう。しかし、足は役に立つまいてな」

継之助が言う。

意外に元気なので皆、安堵したが、それも一瞬のことで、傷口の出血は止まらず、白木綿は真っ赤になっている。寅太は愕然とした。

勝つか負けるかの大決戦だというのに、自分が付いていていてこんな事になってしまった。皆に合わせる顔がない。

寅太はいてもたってもいられない。

「寅や、人が聞いても傷は軽いと言っておけや」

継之助はもう一度、声をかけたが、寅太は気もそぞろで聞こえない。

そのうちに銃声は目と鼻の先に迫り、吶喊《とっかん》の声も聞こえてきた。はっと我に返り、

「走れ、走れ」

寅太は気合を入れたが、ひゅんひゅん、弾が頭上を飛び交っている。

「寅や、少し休ませてくりゃえ」

継之助が言った。顔が苦痛にゆがんでいる。

寅太が御引橋の脇の土蔵を見つけ、急いで避難した。

「せんせい、ご気分は」

「うん」

継之助はうなずいて目を閉じた。

なんとしたことだ。長岡を奪還し、これから小千谷を攻めようとした矢先の出来事である。

これは間違いなく大怪我だ。

継之助はおのれの不運を嘆いた。

いろいろな事が走馬灯のように脳裏をかすめた。

後悔することばかりだ。

自分の決断が遅れたため長岡を取られ、この期に及んで敵の流れ弾に当たるとは、二度目の油断だ。継之助は心が切り裂かれるように痛んだ。

寅太が外の様子を見て来た。

敵の姿がちらほら見え、三間隊も城に引き揚げたという。

事態は切迫しているようだ。

「刀をよこせっ。首だけは敵に渡さんでや」

継之助は刀を胸の上に乗せ、かっと目を開いた。なんたる運命であろうか。

紈袴《がんこ》　餓死せず
儒冠《じゅかん》　多く身を誤る
丈人《じょうじん》　試みに静かに聴け
賤子《せんし》請う　具《つぶ》さに陳べん

継之助は杜甫《とほ》の詩を吟じた。

白の袴をはく高貴の子弟は餓死することはないが、貧しい書生はひとたび儒者の冠を付けると、しばしば身を誤るものだ。聞いてくれ、私の思いのたけを。つぶさに述べることがある。

継之助は杜甫の詩に託しておのれの心情を口ずさんだ。

なんたる無念、皆に合わせる顔がない。

これで長岡も惨敗か。

継之助は大声で泣きたい心境だった。

なぜ一人で戦争をしているんだ。

総督として全体を見るべき人間が戦場を走り回っている。

馬鹿なことをしてしまった。

継之助は後悔したが、すべては遅すぎた。

そのうちに豪雨となった。

目があけられないほどの物凄い雨である。これでは戦になるまい。

寅太が外に出ると、敵は城の手前まで攻めこんだが、この雨で城の攻撃を諦めて対岸に戻ったようだという。

この隙に二人は担架を担ぎ、ようやく城に戻ったが、思いも及ばぬ継之助の姿に、本営は騒然となった。

「なぜ、総督が。お前が付いていて」

帯刀も川島もさっと顔色を変え、怒りを寅太にぶつけた。

「寅太のせいではないでや、俺は大丈夫だで、戦況はどうだ」

継之助は気丈に振る舞い、体をあげようとしたとき、くらくらっと目眩がし、顔面蒼白となった。

「病院だ、早く、早く」

皆が叫び、継之助は城下の昌福寺にある野戦病院に担ぎ込まれた。

継之助の傷は重傷であった。

緊急手術

「たいしたことはない。すぐ治るでや」

と継之助は傷を見せようとしなかったが、医師団は渋る継之助を説き伏せ、佐倉順天堂で外科手術を修めた長谷川泰が診察した。

膝が骨折し、弾が突き刺さっている。

「手術だ」

長谷川が切開手術を施し、弾丸を抜き取ったが、消毒に万全を期すことは難しく、予断は許さなかった。

今日であれば間違いなく完治する傷だが、細菌に冒されることが怖かった。

案の上、継之助の傷は化膿した。

会津若松に旧幕府医学所頭取の松本《まつもと》良順《りょうじゅん》が来ていた。そこに運ぶしかない。

継之助の病状は一刻を争うものだった。

顔面蒼白

継之助の怪我はあっという間に広まった。昌福寺には見舞い客が殺到した。

会津の官兵衛、米沢の千坂、甘糟、衝鋒隊の今井、桑名の山脇、皆、飛ぶようにして駆け付けた。

「元気そうではござらぬか。働きすぎじゃ。あとは拙者にお任せ下され」

官兵衛が言った。

「まだまだお前さんには任せられぬわ」

継之助は剛毅に振る舞ったが、ズキズキと腰の辺りまで痛む。

顔色は悪い。

「河井どの、我ら先生の志を継ぎ、必ず小千谷を攻め、高田を衝き申す」

甘糟は意欲をたぎらせた。

「どうも俺は飛び出す癖がある。気い付けてくだされや」

継之助が甘糟を気遣った。

官兵衛らはこの後、医師団から話を聞いて帰ったが、病状は予断を許さぬとあって、その顔は厳しく列藩同盟の前途に暗雲が漂った。

桝屋の女将本間むつ子の姿もあった。

「嬢や、女で見舞いに来てくれたのは、お前だけだ。そう案じんなや」

と言って、継之助はむつ子が持って来た握り飯をうまそうに食べた。

これを見た松蔵が家族の避難先の濁沢村まで走り、午後遅く妻のすがを呼んで来た。

「松蔵め、余計なことをしおって。この通り元気だで」

継之助は体を起こしたが、顔は真っ青で、誰の目にもひどそうに見えた。

女房には苦労をかけた。

継之助はすがの泣き出しそうな顔を見て不憫に思った。外に女も作った。芸妓も身請けした。

しかし、すがは一言も愚痴を言わなかった。

許せや。

継之助は心のなかで詫びた。

「親父とお袋を頼むでや」

「旦那さま、心配しないでくだされ」

すがは気丈に言ったが、すぐ目頭を押さえ、むせび泣いた。

すがは継之助の両親にどう伝えたらいいのか、悲しくて悲しくて涙が止まらなかった。

継之助は戦況を非常に気にし、ひっきりなしに人を呼び、陣営はごった返していたので、すがは松蔵にすべてを託し、早々に帰るしかなかったが、これが継之助とすがの今生の別れとなったのである。

この日夕方、昌福寺に手を合わせる女がいた。継之助が身請けし、廓から足を洗ったおこうである。

本間むつ子から聞いてためらいながらやって来た。目立たぬように粗末な着物に身を包み、じっと立つ姿におこうと気づく人は誰もいなかった。

「おまえさん、死んじゃいやだよ」

おこうはぽろぽろ涙を流した。

長岡城は依然、同盟軍の手で確保されていた。危機一髪だったが、敵を追い返すことはできた。

米沢をはじめ各藩の兵士たちも続々入城し、鹵獲《ろかく》した山積みの大砲や小銃、弾薬、衣服を見て、快哉《かいさい》を叫んだ。

「北軍の手に収容した南軍の死屍は二百有余に達し、壊走の際、信濃川に潰れたる者、および敵の収容せる者を合わせれば、その損害人員は六、七百名の上に出たることとたるべし」

衝鋒隊の記録である。

明治以降に書かれた同盟側の戦記は薩長を西軍ないし南軍とし、同盟側を東軍あるいは北軍と書いた。

決して官軍とは書かない。

この記録は少々、大袈裟《おおげさ》のそしりは免れないが、分捕り品は山をなし、城中では酒が振る舞われ、戦勝金を分け合って喜びに浸った。

「ただちに小千谷に侵攻すべし」

佐川や甘糟が声高に叫び、信濃川渡河作戦が発動された。

そこへ衝撃的な知らせが入った。

敵、松ヶ崎に上陸

六隻の敵艦船が新潟の隣、松ヶ崎の沖合に現れ、千余の敵兵が上陸、これを新発田藩が誘導し、新潟港で戦闘が始まったというのである。

「新発田の裏切りだッ」

本営は騒然となった。

列藩同盟に入ることを誓い、今度の戦闘に兵も出した新発田藩が薩長を手引きし、にわかに砲火を浴びせてきたというのだ。

「なんたることだ」

と米沢の千坂はうめき、甘糟は憮然として言葉もない。

会津の官兵衛は、

「畜生め、ぶっ殺してくれるわ」

と立ち上がって外に駆け出し、憤怒《ふんぬ》の形相《ぎょうそう》で銃を乱射した。

「河井が可哀そうではないか。これだから薩長にいいようにやられるんだッ」

官兵衛は叫び、狂人のように暴れまくった。

長岡藩兵は悔し涙を流し、

「もはや城を枕に討ち死にせん」

と、何人かが銃を握り締め、戦場に飛び出して行った。

村松忠治右衛門が編纂した『長岡戦争之記』によると、二十四日から二十五日にかけての長岡藩兵の死傷者は死者六十三人、重傷後死者二十四人、重軽傷者三十二人、合わせて百十九人。家族や町民、人夫などは不明なので全体像は摑めないが、継之助を欠いた後も四日間、長岡藩兵は長岡城を死守し、懸命に戦っていた。

薩長軍の新潟上陸は、予想だにしない奇襲作戦だった。新潟港を奪われれば武器弾薬の補給ができなくなる。

それだけではない。会津、米沢兵は退路を断たれることになる。

会津、米沢兵が撤退を決めたため、長岡藩兵は孤独の戦いを余儀なくされた。

「西軍大挙来る。我が軍微勢、支えることあたわず敗走す」

「数度の烈戦で死傷も多く、弾薬も乏しく加茂に引き揚ぐ」

長岡軍の記録である。

継之助は担架で病院を抜けだし、長岡城の本営に向かい、指揮を執ったが、五十数人もの死傷者を出し、もはや如何ともしがたい。

「総督、ここは撤退しかございません」

花輪や三間が後方への退避を求めた。

援軍が来ない以上、もはや長岡城を守ることは困難だった。

「新発田めが」

継之助は涙を呑んで撤退を決断した。

「総督は見附《みつけ》にお運びすべし」

大隊長牧野図書が決断を下し、継之助が去るのを見届けるや退却を命じて弾薬庫に火を放った。

これを見て味方一同、もはやこれまでと思い、総崩れになって敗走した。家中の女子婦人も泣き声をあげながら見附に向かった。

新発田の裏切りは、決定的だった。

今日なお新発田人を許さない長岡人も多い。

逃避行

この日から長岡藩主従、藩士の家族の悲惨な逃避行が始まった。

継之助は虚ろだった。これですべては終わったと思いながら担架に揺られていた。

行く先は取りあえず見附だが、早晩、ここも占領の憂き目にあうだろう。

その後、どうすべきか。

それを考えると、ひどく憂鬱な気分になり、継之助は唇を嚙み締め、屈辱に耐えるしかなかった。

担架のそばには姉の夫の根岸勝之助に寅太と彦助、松蔵、医師団の長谷川泰、吉見雲台ら二十人ほどがいた。

継之助の傷は日に日に悪化し、悪臭を放つようになり、医師たちは、しょっちゅう包帯を取り換え、膿《うみ》を取った。

秋の空

空は深い秋であった。

夏の間、あれほど不順だった天候が、まるで嘘のように晴れ上がっている。皮肉なものだと思った。

降り続いた雨で稲の生育はおくれがちで、あちこちに青い稲もあった。まだ戦争が続いているというのに、何事もなかったように田園で働く農民の姿が目に入った。

武士だけがやれ国がどうの、藩がどうの、薩長がどうの、会津がどうのと大砲を撃ち合っている。そんな意地の張り合いは本来、たいしたことではなく、一握りの人間たちの欲望に過ぎなかったのではないか。

継之助はとりとめもない事を考えながら空を見上げていた。

松蔵が作った担架には敵から奪った毛布が敷かれていて、寝心地がよく、駕籠よりは快適な乗り物であった。

こうして人の世話になって落ち延びて行く姿を一体、誰が想像したであろうか。

継之助は情けないおのれの姿に、自嘲せざるを得なかった。

見附には長岡の女性と子供が大勢、避難していた。長岡城を取り戻したので、さあ長岡に戻ろうという矢先にまた落城し、途方にくれていた。

「どこに行ったらいいんだし」

老婆が泣き伏し、寅太も松蔵も言うべき言葉がなく、一目散に駆けるしかなかった。

継之助の担架は誰にも気づかれずに見附の本陣に入ったが、そこに伝令が来て新潟が敵の手に落ち、スネル兄弟の行方も分からなくなり、今となっては会津に落ち行くしかないと告げた。

主君が会津若松におり、官兵衛がぜひ会津へと言ってくれたので、医師たちは初めからそのつもりでいるようだったが、継之助は越後を離れることにひどく抵抗があった。

主君にどう報告するのか。

あれこれ理屈を並べてみた所で、所詮は負け犬の遠吠えに過ぎない。自分で立つことさえできれば、相手陣営に突撃して、そこで果てることもできる。しかしいまは担架で運ばれる身である。

どうにもならない、もどかしさがあった。

「俺はここに止まるでや」

継之助は行くことを渋った。

困ったことになったと皆が思ったが、集合地は会津に向かう八十里峠の入り口、村松藩領の吉ケ平《よしがだいら》だという。ここで休んでいるゆとりはない。

「総督、吉ケ平には三間さんや村松さんも見えるでしょう。そこでご相談を」

寅太と彦助が継之助の気持ちをくんで答えた。

「うん」

継之助は寅太の顔を立ててうなずいたが、にわかに傷が痛みだし、脂汗が流れ出し、うんうんうなった。

医師たちが包帯を取り換え、薬をぬった。

痛みが和らいだのか、継之助は柔和な顔になり、彦助を呼び、

「おみしゃんは、ここから帰れや。俺が元気になるのを待っておれや」

と言った。

「先生、どうしてですか」

「おみしゃんは一度、つかまった身だ。かくれておりゃえ」

「連れて行ってください」

「駄目と言ったら駄目だ」

継之助が厳しく言った。

「俺がお前の分も頑張るでや。ここは先生の言うことを聞け」

寅太に言われて、彦助は黙った。

本当は彦助にいてもらいたいのだ。

継之助の気持ちを寅太は知っていた。しかし万が一、捕らわれたら彦助は間違いなく殺される。

彦助を置いて担架は動き出した。彦助はぼろぼろ涙を流し、

「せんせい、せんせい」

と担架にしがみつき、やがて諦めて立ち止まり、豆粒のようになるまで立っていた。

担架に揺られながら継之助は敵将の山県のことを思った。

奴め、ほくそ笑んでおるだろうな。

継之助は歯ぎしりした。

爆音

敵将山県有朋は、長岡の対岸、関原で総攻撃の指揮を執っていた。長岡軍の火薬庫が爆発し、火焔《かえん》が空高くあがったのを見て、初めて勝利を確信した。

継之助が重傷を負ったことも耳に入っていた。我々をここまで苦しめた相手が、流れ弾に当たって重傷を負ったというのも意外な感じだった。

今となっては、まことに気の毒に思えた。

一度、会ってみたい。そんな思いすら抱いていただけに、無事であって欲しいと願う気持ちもあった。

各隊からの報告によると、敵の士気は著しく低下し、抵抗も下火になっており、その大きな

理由は、新発田が味方に回り、新潟港を取ったことだが、もう一つはやはり河井の負傷であろうと思われた。

「今夜は賑やかに酒盛りだな」

山県は従卒に支度を命じた。

勝者と敗者では天と地の差があった。

吉ケ平

吉ケ平は現在の三条市の南にある峠の入り口である。

いまは、人家はなくなってしまったが、当時は数十軒の民家があり、そこに長岡の藩兵とその家族、会津、米沢の敗残兵が殺到し、大変な混雑であった。

おり悪しくまたも雨降りとなった。

兵はともかくとして家族は哀れだった。

継之助の母の生家を継ぐ市中警備頭取長谷川権蔵の一家もここに来ていた。

権蔵は家族と栃尾で落ち合い、家内、侍の林八と嫁、孫二人で吉ケ平までたどり着いた。

いつ敵が来るか分からないので、女子供から先に出す事になり、八月の三日ごろから会津に向けて出発となった。

孫の米子は歩ける年頃になっていたが、守三はまだ三歳で権蔵の妻がおぶった。着た切り雀で、雨具らしいものは、村の七兵衛から借りた破れた蓑《みの》笠しかなく、ずぶ濡れになって峠を登る姿は見るも無残であった。

だが家族一緒の者はいい方で、ここに来ても夫や倅の姿がなく途方にくれる女達には目をそむけたくなるほどの哀しさがあった。

主君への詫び状

継之助は途中でまたも会津行きを拒み、杉沢、葎谷などの村に泊まり、人を避けて手紙を書いていた。

会津若松にいる義兄の梛野嘉兵衛に宛てたもので、主君への伝言を託したものだった。傷は回復の兆しはなく、いつ死ぬかもしれぬぎりぎりの所に来ているように思えたからである。

弁解がましいことは毛頭、書くつもりはないが、自分の率直な気持ちを表現し、なにはともあれ主君に詫びたい、そう思った。

「長岡でお別れして以来、日夜苦心を重ねて来たが、天下の形勢、奥羽越の形勢、長陣となっては財力も尽き、藩士の死傷も多く、行く末が難儀となるため一同決心し、去る二十四日、八町沖を潜行、長岡城下に討ち入った」

と報告し、大小砲、その他弾薬数知れず分捕り一同、大いに喜び、天下の強敵、薩長を追い払い、小生もあまりの嬉しさに落涙したとあの日の感激を書いた。

そして新発田の裏切りや米沢の事情なども加わり、今となっては、後世の公論にすべてを託すしかなくなったと敗戦を認めた。

開戦に踏み切ったのは不義の汚名を後世に残すよりは、義理を守るべきと決断したためだが、残念至極の結果になり、主君には誠に申し訳ない。

いろいろ考えたが、もはや御奉公の道も絶え、また怪我による苦痛もあり、嶮山《けんざん》を越えることはできず、ここに止まりたい。そこの所を御憫察《ごびんさつ》くださりたいと訴え、

「これまでの御高恩に深く謝す」

と結んだ。

継之助はこれを何度も読み返した。

参戦した理由を、義理を守るとしたが、すべてを知る義兄のことだ、奥羽越の夢と野望をこめて立ち上がった自分の心情は理解してくれるのではないか、と念じた。

継之助は無念だった。

薩長が正義であるはずはない。

会津の梶原、秋月、米沢の千坂、甘糟、仙台の玉虫左太夫、衝鋒隊の古屋、桑名の立見らと語り合った列藩同盟の志が間違っていたとは思わない。

しかし、結果として藩士諸君、家族、領民に迷惑をかけたことは明らかであり、ここは命を捨てて、自分の責任を明らかにしたい。

継之助はそう決断した。

事実上の遺書を書き終えた継之助は、ホッとひと息ついた様子だったが、傷の悪化による発熱で、突然、狂乱するようになった。

「俺は死ぬ、刀をよこせッ」

手をばたつかせて怒鳴り、義兄の根岸勝之助や寅太をてこずらせた。

「総督、怪我は必ずなおります。そのためには会津へ」

医師たちもその都度、継之助を説得したが、

「会津に行ったところで、いいことなど何もないでや」

と首を振った。

痛みが和らぐと、おとなしくなるのだが、熱が出ると再び狂乱し、継之助の苦悩がいかに深いものであるかを窺わせた。

これを繰り返しながら継之助の担架はなんとか八月三日に吉ケ平までたどり着いた。

吉ケ平は人々でごったがえしていた。

「ここで待っておりました」

なんと彦助がいた。

三間や村松ら重臣たちも次々と集結し、

「総督、我々はまだ負けてはおりませぬぞ。会津にたて籠もり、山県の首を取ってご覧にいれますぞ」

三間が言うと継之助は大いに喜び、

「もう総督と呼ばんでくりゃり。継さんにしてくりや。なんでもお前らの言うとおりにするでや」

と会津行きに同意した。

三間は幼馴染みである。

「継さんや、会津に行けば、おみしゃんの好きな川があるでや」

三間が言った。

「ほう、なに川だ」

「峠を下ると只見川が流れているでや。阿賀野川の源流だでや」

「それは楽しみだでや」

継之助は目をつぶった。

良運や三間と釣りに明け暮れた日々のことが、脳裏をかすめた。

ここでは死ぬ場所もない。会津にいる良運に一目会いたいし、どこか落ち着いた場所で最後のときを迎えたい。そんな気持ちであった。

八十里峠

八十里峠は吉ケ平から奥会津の叶津《かのうつ》までの約八里の道程だが、一里が十里にも相当する九十《つづ》九《ら》折りの難所である。

八月四日は朝から雨だった。

この日も続々と敗兵が逃れて来る。

何人かが継之助の担架を担いだ。

「すまんなあ」

継之助は若い兵士に声をかけた。

峠道は雨で滑り、子供たちはあちこちで転び、泣き泣き歩く姿が痛々しい。

番屋峠は標高九百三十三メートル、ここまでが最初の難所で草が生い茂り、視界も悪く、何度も休みながら登った。高山険阻、驚くばかりである。

ここを越え、鞍掛峠まで来たところで夕暮れになり、お助け小屋に泊まることになった。

会津藩の番所があり、食事を作ってくれた。お助け小屋に限りがあるため雨のなかで野宿する人も多く、気の毒であった。

八十里こしぬけ武士の越す峠

継之助は自嘲を込めて詠んだ。

翌日も土砂降りの雨で風も強く、道は田のようにぬかるみ歩くことは極めて困難で、道端に死んだように横たわる怪我人を何人か見た。蝿がぶんぶん飛んでいて、継之助の傷口に群がった。

継之助は五日に会津領只見に着いた。

雨もあがり、三日ぶりの青空が広がった。只見川の清流が目にしみた。

しかし峠で揺られたせいもあって継之助の傷口は大きく腫れ上がり、膿が流れでて悪臭は一層ひどくなっていた。

一刻の猶予もない。医師団は焦ったが、継之助は会津若松に知らせることを拒み、ようやく九日になって連絡させた。只見に着いてから四日間が過ぎていた。

継之助重症の知らせに、会津藩首席家老梶原平馬は旧幕府医学所頭取松本良順に、只見に出向き治療に当たるよう懇願した。

継之助を戦いに巻き込んだ責任を強く感じ、できる限りの治療をさせたいと思ったのである。城下の健福寺に滞在する老公雪堂もいたく心配し、義兄の椰野と良運もただちに只見に向かう準備を始めた。

おだやかな心

只見での継之助は寅太と彦助、それに忠実な従僕の松蔵に囲まれ、心は平和であった。付き添いの長岡藩兵は次第にふえ、花輪馨之進も合流し、数十人になっていた。

自分の体が日々、腐りかけていくのが分かると、自分の最期をどう全うすべきか、そればかりを考えた。

長岡在の阿弥陀寺に隠れていた両親と妻は、進駐した敵軍に拘束されたことも分かった。

継之助の家族と知っての逮捕である。しかし山県のことだ。手荒な真似はしないだろうと勝手に想像した。

戦ってみると相手がどんな男か分かるものだ。

ともあれすべては運を天に任せるしかない。継之助は一人一人に遺言めいたものを話した。

松蔵には、

「もういい。お前は逃げろ」

と言ったが、

「ご母堂さまから絶対に離れるなと言われてきました」

と梃子でも動こうとしなかった。

「それなら、いざというときこれで喉を刺せ」

と短刀を渡した。

寅太と彦助には、

「世のなか、面白くなってきたでや。侍の世は終わりだ。思い切って商人になりやい。そのために外国にいけや」

と言った。

二人を十分に取り立てようと思っていたが、もうそんな時代ではない。

「ええッ」

と驚く二人の顔を見て、継之助はおかしくなり、痛みを忘れて笑った。

戦争が終われば、どんな国になるのかは見当もつかないが、奴らがすべてを牛耳ることもできまい。長岡の再建は、やはり長岡人の手で行うことになろう。

次を担うのは川島億次郎であろう。川島を中心に小林虎三郎、花輪、三間らが取り組まねばならぬだろう。

そんなことをあれこれ思案すると、心がすっかり落ち着き、苦しむこともなくなってきた。

左足の感覚が失せ、痛みを通り越したこともある。

松本良順

九日の午後、松本良順が主君付きの御用人疋田水右衛門と早駕籠でやって来た。連絡を受けてすぐ発ったのである。お共連れかと思いきや、たった一人である。

継之助は梶原の配慮が嬉しかった。

「ご苦労さまでござる」

継之助が言うと、良順は、

「皆、頑張っております」

と言って包帯をとった。医師団は緊張して良順の診察を見守った。

良順は傷口をつぶさに診察し、頷いてから包帯をまき直し、吉見や長谷川に細かい指示を与え、

「体に力を付けねばなりませんなあ」

と言って土産の牛のタタキをひろげ、継之助に勧めた。

「ほう、旨いものですなあ」

継之助がぺろりと平らげると、

「上手な医者が幾人もおるので、会津へやって来たまえ。会津の壮士も君が来るのを待っているよ」

と言った。

「ぜひ、そうしたいが、先生、どうだろうか。会津ももう化けの皮が剝げましたかな」

継之助がいたずらっぽく言うと、良順は「まだまだ」と言ってカラカラと笑った。

良順の帰りを見送った継之助は、

「久し振りで豪傑の顔を見たでや」

と言って休んだ。

継之助は良順に言われたことで、主君のいる会津若松をどこか遠くから眺め、そこで死にたいと欲が湧いた。

皆が、何が何でも連れて行くと言ったせいでもあるが、継之助は十二日に腰をあげ、塩沢村まで進んだ。

ここの医師矢沢宗益《やざわそうえき》宅で休憩し、さらに会津城下を目指そうとしたが、もはや動けなかった。

矢沢家は只見川に面していて、秋の淡い陽光に川面がゆらゆらと揺れていた。

辺りの山は頂上で紅葉がはじまっており、継之助は虚ろな気分でその風景に見入った。

「良運さんはまだかや」

継之助がつぶやいた。良運と遊んだ昔のことがよみがえっていた。

翌十三日、主君からの見舞品を持って義兄の梛野と良運がやって来た。

「継さん、やっと会えたがや。殿が待っておられるぞ」

良運が継之助の手を握った。

「ああ、ああ、二人に会えて、思い残すことはないぜよ。世話になったなあ」

継之助が涙をこぼした。

「何を言うか、元気になれや」

良運は涙声で言った。

継之助の顔は血の気がなく、力も弱くなっていて、そう長くはない様子であった。

あの強気な継之助がこんな姿になるなど、だれが想像しただろうか。

良運はこらえ切れずに泣いた。

継之助を陰でもっとも支えたのは、義兄の梛野であった。

妹の亭主ではあるが、それを越えて男が男に惚れる友情があった。

梛野は継之助の心中を察し、ただ黙って枕もとに座っていた。

人は今後、継之助にすべての責任をかぶせ、俺は知らなかったと逃げるかもしれない。

継之助には私心はなく、何一つ長岡藩の面目を失うことはしていない。

いたずらに血気に逸《はや》ったわけでもない。

小千谷に乗り込み、和平を訴えたではないか。長岡は小なりとはいえ、一つの国家なのだ。

金を出せ。

兵を出せ。

会津を討て。

こんな理不尽な命令に屈するわけにはいかないのだ。それが武士ではないのか。

継之助は間違ってはいない。

棚野はそう思って継之助の顔をじっと見つめた。

「義兄《あに》さと良運さんだけにしてくりゃえ」

継之助が言い、皆は席を外した。

「義兄さ」

継之助は初めて泣いた。

「何も言うなでや。手紙は読んだ。分かっているでや」

棚野も泣いた。

ともに泣くことで、苦悩を分かち合いたかった。良運も手放しで泣いた。

「良運さん、ありがたかったでや」

継之助が言った。

二人は三間や花輪に後事を託し、会津若松に戻ったが、泣きはらした真っ赤な目がすべてを物語っていた。

義兄の話では会津若松に戦火が及ぶのも時間の問題のようであった。

主君忠訓、先君雪堂公をお護りしなければならない。継之助は花輪、三間、村松の三人を枕もとに呼んだ。

「いいか、会津城も長くは持つまいて。城が落ちれば、我が藩士は如何致すか。どうも意気地のない輩が多いので、米沢に投じるものも出ようが、これでは我が藩の面目がたたぬでや。我が藩が事をともにすべきは庄内だ。おみしゃんたちは、他藩から嘲りを受けぬようにしてくりや。奥羽の諸藩もいずれは敗亡の運命は免れぬ。そのとき、おみしゃんたちは若君を奉じてフランスに渡航致せ。スネルには三千両を預けてある。軍資金もいくらかは余るはずじゃで、それを使えば数年の滞在はできる。いずれ天下の形勢は変わる。今日の一敗など深く憂えるにあらず。俗論に動かされず、将来の計画を誤るなや」

継之助は切々と説いた。

三人は継之助の底知れぬ大きさを改めて感じながら、

「分かりました」

とうなずいた。

「もう言い残すことはないでや。明日にも会津で戦が始まるぞ。寅太、彦助、松蔵を残して、おみしゃんたちは、会津若松に向かえ。いいか、長岡の名を辱めぬよう殿を守り、死力を尽くして戦え」

継之助はそこまで言うと、息が切れ、ぜえぜえと咳をした。

花輪も三間もあえて、ここに止まるとは言わなかった。いったん言いだしたら人の話など聞かない継之助である。

幼馴染みとして、ここは継之助のいいようにしてやるのが、友情であり、思いやりだと判断した。村松も同じように考えた。なぜ、医者を残せと言わなかったか、不思議だった。

もう医者はいらぬ、そう思ったのであろうが、これだけは聞くわけにいかず、義兄の根岸と医師団は残すことにした。

熱が高くなり、うわ言をしきりに言った。松本良順から回復は望めぬことを聞いた植田十兵衛が、

「一旦長岡城を回復致し、諸藩の模範となり、満足致す」

という老公の感状を持参した。

「殿ッ、ありがたき幸せにござる」

継之助は目を潤ませて感謝の言葉を述べた。

十兵衛が帰ると継之助の周りは、数人だけとなった。

耳を澄ますと、さらさらと流れる水の音が聞こえた。

「寅や、川を見せてくりや」

継之助が言った。

寅太と彦助と松蔵が、村の人たちに手伝ってもらい、継之助を只見川のほとりに運んだ。

越後の山塊から流れでる水は蒼く澄んでいて、透きとおるような美しさであった。

「この水は越後に流れていくんだなあ」

継之助はぽつりと言って、満足そうに流れに見入った。

辺りには無数のとんぼが舞い、空には鳶が悠々と飛んでいた。

「夢のようであったなあ」

継之助の目に一筋の涙があった。

棺桶

十五日の夜、継之助は松蔵を枕もとに呼び、

「松蔵や、永々厄介してくりやってありがたかったでや」

と言った。

「静かに思うに明日にも死ぬかもしれぬ。松蔵や、俺が死んだら火葬にしてくりや。津川口にも敵が迫ったと聞く。いいか、これよりただちに俺の死後の準備を致せ。分かったな」

「旦那さま、そんな心の弱きこと、言わないでくだされ」

「ばか者っ、貴様の知ったことではないでや。用意しろと言ったら、さっさと用意しろ」

叱り付けると、松蔵は目にいっぱい涙を浮かべ、

「はい」

と答えた。

松蔵はある出来事があって、継之助の家に奉公するようになった。

かつて藩主の駕籠搔きとして城中で働いていたが、そこで若君忠訓公の正室つね姫と恋に陥り、それを奥女中に知られた。松蔵は死罪を免れなかったが、当時、郡奉行だった継之助が固く口止めし、外部に漏れるのを防ぎ、松蔵の身柄を引き取った。

継之助は命の恩人であった。

松蔵は女房すがの言うことをよく守り、ここに来てから恐る恐る継之助の髪を所望した。

「なんでだや」

と言うと、

「奥様から申されてきやした」

と畳に頭をこすり付けて言った。

「そうか、そうか」

と髪を切らせたが、それを大事そうに包み、いつも肌身離さず持っていた。

人生はふとしたことで、巡り会いが生まれるものだ。継之助の所に来て幸せだったかどうかは分からぬが、一日も休むことなく一生懸命、継之助のために尽くしてくれた。

自分の最期を松蔵に任せるのも、運命かもしれぬと継之助は思った。

朝、起きると棺桶ができ上がっていた。白木の板の美しい棺桶である。傍らに平べったい骨箱も二つできていた。

「骨箱が二つあるのはなんでだや」

「申し訳ねえことですが、一つには土を入れおき、敵に捕まったときは、そっちを置いて逃げねば奥様に叱られます」

松蔵はそう言い、

「旦那さま、お許しくだされ」

と骨箱を抱いて泣いた。

「そうか、これで俺も安心だでや」

継之助が言うと、松蔵はおんおん声をあげて泣いた。

寅太と彦助は庭に出て、必死に涙を堪えていた。継之助は本当に死ぬのだろうか。信じがたい気持ちで、食い入るように川面に見入った。

昨日とはうって変わって雨雲が張り出し、奥会津の渓谷はかすんで見えた。ひんやりした風
が山の方から吹き出し、やがてぽつりぽつりと雨が降り始めた。

思えばこの三カ月、来る日も来る日も雨だった。

雨に打たれながら泥土のなかを這いずり回り、鉄砲を撃ち続けた。しかし雨に濡れた奥会津
の山峡は水墨画《すいぼくが》のような優しさがあった。

ひと雨ごとに秋が深まっていた。

手の届く辺りも色づき始め、着いた日よりは紅葉が進んだ。

「松蔵、寅と彦を呼んで来いや」

と継之助が言った。

二人がやって来ると、

「どうだや、立派な棺桶だでや」

と笑みを浮かべた。お茶を一杯飲み、医師たちが、

「もういいでや」

とむずかる継之助をなだめて包帯を取り換え、

「おみしゃんらのことは花輪によく言っておいたでや」

と外国の話をし、粥を少し口にした。昼になると、

「ひと眠りするでや」

と言って人を避けた。

寅太や彦助はゆっくり休んでいると思っていたが、

「様子がおかしい」

と医師たちの動きがあわただしくなり、手当てを尽くしたが、昏睡状態のまま意識は戻ることなく、この夜八時前、静かに息を引き取った。

享年四十一歳、波乱万丈の生涯であった。

義兄の梛野が瞼《まぶた》を閉じ、手を合わせると、男たちが堰を切ったように号泣し、その夜は誰一人、口を聞く者もなく、じっと座り込んで、継之助の大きさを噛みしめていた。

十七日、継之助の遺体は只見川の岸辺で荼毘《だび》にふされ、継之助は小さな骨箱に納まった。

もう継之助はこの世にいないのだ。

誰もが信じられぬ思いで紅葉が増した山並に見入った。

越後はあのはるか彼方だ。いつの日か必ず長岡に骨を運び、我らの墳墓の地に埋葬しなければならぬ。

寅太も彦助も手をかざして越後の山塊を望んだ。

そして遺骨の一部は二十一日、主君が待つ会津城下の健福寺に運ばれ、藩士一同による通夜が行われた。

会津藩からは首席家老梶原平馬をはじめ在城の重臣たちがこぞって顔を見せ、長岡藩主従を慰めた。

二十二日の葬儀には会津藩主松平容保、桑名藩主松平定敬ら多数が列席し、容保が哀悼の言葉を述べ、列藩同盟の中核として獅子奮迅の戦いを見せ、長岡の正義をあます所なく示した継之助の忠心義気を称えた。

皆の顔はどこか寂しく、忍び寄る列藩同盟の瓦解を感じ始めていた。

あとがき

明治憲法発布の大赦で河井家が家名再興を許され、継之助が青天白日《せいてんはくじつ》の身となったのは、明治二十二年である。

継之助に代わって、長岡藩大参事、柏崎県大参事として明治の長岡を担ったのは、継之助の同志、三島億二郎（川島億次郎）であった。

三島は旧長岡城址に継之助の顕彰碑を建て、継之助の汚名を雪《すす》がんとした。

かつて山田方谷のもとで親交があった三島中洲《みしまちゅうしゅう》に文筆を依頼し、『故長岡藩総督河井君碑』とする題字は敵将の黒田清隆に揮毫を頼んだ。

いま悠久山公園にあるこの碑には、

「眉秀でて眼凸《がんとつ》、爛々たること雷のごとし。怒りてまなじりを決すれば人よく仰ぎ視《み》るなし。天資英敏明快、姦僞《かんぎ》を排し、死生を顧《かえり》みず、毀誉《きよ》を問わず、事は必成を期して言論爽快《そうかい》、一座屈伏す」

と人となりが記され、

「不幸、内難に死す。これ深く国家のために悲しむ所なり」

と悼み、「磊々《らいらい》たる心事、天知る、地知る」

と称え、無念の死を遂げた継之助に対する長岡人の痛恨の思いが刻みこまれている。

継之助の心は長岡の大地が知っているというこの碑文は、河井継之助の人となりをあます所なく今に伝えている。

最後に継之助の伝記を編纂した今泉鐸次郎の功績も称えたい。

今泉は郷里の小・中学で教鞭をとり、明治三十二年新潟市の「東北日報」主筆となり、九年後「北越新報」主筆に就任。また市会、県会議員も務めた。

昭和四年には宮内省の維新史料編纂委員となり、『長岡市史』や越後・佐渡の郷土史料『越佐叢書』（全七巻）を編纂した。

著書は『河井継之助伝』のほかに『鶏殿春風伝』『北越名流遺芳』などがあり、河井の伝記は、多くの関係者に当たり、愛惜に富んだきめ細かい優れた作品である。

本書もこの伝記によるところが大であった。深く感謝したい。

また司馬さんは『峠』のあとがきで、

「官軍に降伏する手もあるだろう。降伏すれば藩が保たれ、それによってかれの政治的理想を遂げることができたかもしれない。

が、継之助はそれを選ばなかった。ためらいもなく正義を選んだ。（略）『いかに美しく生きるか』という武士道倫理的なものに転換し、それによって死んだ。（略）継之助は、つねに完全なものをのぞむ性格であったらしい」

武士道という美的世界に生きた男。

司馬さんは継之助をそう称えた。

これも含蓄のある言葉だった。

ところで私のような部外者が見る眼と、地元の史家が見る眼には、かなり差があることも事実である、河井継之助記念館長の稲川昭雄さんは以前、歴史と旅の特別企画の中で、こう述べておられた。

「何故、長岡藩はこのような惨めな思いをしなければならないのか、という疑問が戦いの渦中にいた兵士や庶民たちに生じたのは無理からぬことであろう。

故郷に帰ってきても荒野に住む家となく、食べるものもない。しかし、戦後、長岡藩兵の多くの魂魄《こんぱく》の中に、節義をよく守ったという自尊心が残ったことは確かである。

今日から見て、河井や長岡藩が一藩を賭けてまで主張しようとしたものは何だったのか。独立・中立論の存立の基はどの辺にあったのか。その結果、長岡藩は何が残ったのであろうか、など考えることは多い。

河井継之助の墓には献花が絶えない。ところがその墓石を見ると、摩滅がはなはだしい。一時的な感情にせよ、墓石を足蹴にした人たちの心情を思うと、戦争がどのようなものであったのか、分かるような気がする」

という一文を寄せていた。

河井英雄論だけではすまされない問題が内在していることを私は学んだ。

「新潟日報」出身の作家、中島欣也さんは『愛憎河井継之助』の中で「多く見られる忠孝至誠の権化のような偉すぎる河井はどうもなじめない。嵐を巻き起こした男の一途さを、私は地元人の眼で、あえて地元の感情を「愛憎」として描いてみた」とあとがきに書かれた。

ともあれ、現代の長岡人の誇りは、継之助である。

山本五十六が尊敬し、田中角栄も称えた。

さまざまなことがあったが、継之助はまさしく英雄の人であった。

著者略歴

一九三五年、宮城県仙台市に生まれる。一関第一高校、東北大学文学部国史学科卒業後、福島民報社記者となり、福島中央テレビ報道制作局長を経て、歴史作家になる。日本大学大学院総合社会情報研究科博士課程前期修了。

著書には『伊達政宗　秀吉・家康が一番恐れた男』『京都大戦争』『呪われた明治維新』『明治維新血の最前戦——土方歳三　長州と最後まで戦った男』『呪われた戊辰戦争』（以上、さくら舎）、『偽りの明治維新』（だいわ文庫）、『斗南藩——「朝敵」会津藩士たちの苦難と再起』（中公新書）などがある。

『奥羽越列藩同盟』（中公新書）で福島民報出版文化賞、会津藩と新選組の研究でＮＨＫ東北ふるさと賞、『国境の島・対島のいま』（現代書館）で日本国際情報学会功労賞を受賞。

星亮一オフィシャルサイト
http://www.mh-c.co.jp/

武士《ぶし》道《どう》の英雄《えいゆう》　河井《かわい》継之助《つぎのすけ》
——薩長《さっちょう》を脅《おびや》かした最後《さいご》のサムライ

二〇一九年一一月一〇日　第一刷発行

著者　星《ほし》　亮一《りょういち》
発行者　古屋信吾
発行所　株式会社さくら舎　http://www.sakurasha.com
東京都千代田区富士見一-二-一一　〒一〇二-〇〇七一
電話　営業　〇三-五二一一-六五三三　ＦＡＸ　〇三-五二一一-六四八一
編集　〇三-五二一一-六四八〇
振替　〇〇一九〇-八-四〇二〇六〇

装丁　長久雅行
印刷・製本　中央精版印刷株式会社

ISBN978-4-86581-222-0

さくら舎の好評既刊

星　亮一

明治維新　血の最前戦

土方歳三　長州と最後まで戦った男

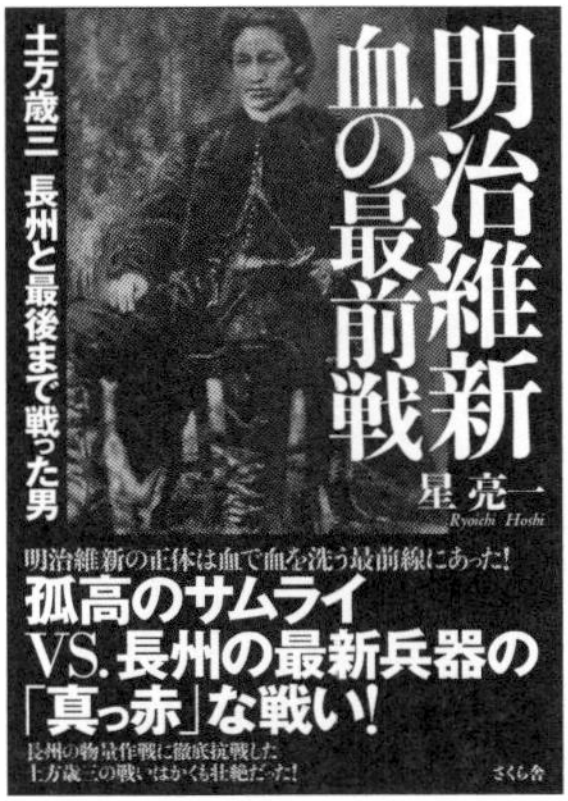

京都へ！会津へ！箱館・五稜郭へ！明治維新の正体は血で血を洗う最前線にあった。孤高のサムライ・土方歳三の壮絶なる「真っ赤」な戦い！

1600円（＋税）

定価は変更することがあります。